跨文化视域下的高校英语教学研究

李君英 ◎ 著

吉林出版集团股份有限公司
全国百佳图书出版单位

图书在版编目（CIP）数据

跨文化视域下的高校英语教学研究 / 李君英著 . 长春 : 吉林出版集团股份有限公司 , 2024. 9. -- ISBN 978-7-5731-5976-2

Ⅰ . H319.3

中国国家版本馆 CIP 数据核字第 2024S3J685 号

跨文化视域下的高校英语教学研究
KUA WENHUA SHIYU XIA DE GAOXIAO YINGYU JIAOXUE YANJIU

著　　者	李君英
责任编辑	沈　航
封面设计	吴东东
开　　本	710mm×1000mm　　1/16
字　　数	175 千
印　　张	10.5
版　　次	2025 年 1 月第 1 版
印　　次	2025 年 1 月第 1 次印刷
印　　刷	天津和萱印刷有限公司

出　　版	吉林出版集团股份有限公司
发　　行	吉林出版集团股份有限公司
地　　址	吉林省长春市福祉大路 5788 号
邮　　编	130000
电　　话	0431-81629968
邮　　箱	11915286@qq.com
书　　号	ISBN 978-7-5731-5976-2
定　　价	63.00 元

版权所有　翻印必究

前　言

在人类文明的发展历程中，地域相隔，世界各地均发展出了本地独有的文明与文化。这些文化各具特点，包括语言在内的各种文化表征都有很大的差别。文化之间的差异既形成了各有千秋的文化形式，又造成了不同文化之间的交流障碍。如何跨越文化差异进行有效的交流是人类在每个发展阶段都必须面对的问题。

高校作为文化教育的中坚力量，承担着破除文化交流壁垒的重任。英语是全世界使用范围最广泛的语种，高校有必要通过大学英语教学，提高学生跨文化交际的能力。基于这一目的，本书以大学英语教学为主题，以跨文化为核心视域，从跨文化交际、大学英语教学等的概念与内涵出发，探索跨文化人才的培养以及跨文化教学模式的建设和改革。现代英语教学更应趋向于将语言交际与文化交流相结合，把语言知识传授、语言运用能力与跨文化交际能力培养融为一体，不仅要遵循英语教与学的基本规律，还要符合培养复合型、国际型英语人才的基本需求。

本书内容共分为六章：第一章为跨文化交际理论基础，分别介绍了文化与交际、语言与文化和跨文化交际的相关理论内容；第二章为高校英语教学基础，对高校英语教学理论基础、高校英语教学的构成以及高校英语教学的原则进行了详细论述；第三章为跨文化视域下的英语教学，详细介绍了英语教学中的文化冲突、跨文化视域下英语教学的本质和任务以及跨文化交际能力框架的构建；第四章为高校英语跨文化教学的实践探索，详细论述了加强高校英语跨文化教学的必要性、高校英语教学中跨文化教学的内容和实施途径、构建跨文化交际的高校英语教学模式以及跨文化视域下高校英语教师的专业发展；第五章为跨文化视域下的高校英语教学方法，分别对跨文化视域下高校英语的词汇与语法教学、听说与阅读教学、写作与翻译教学进行了介绍；第六章为跨文化视域下高校英语教学的改革与发展，介绍了跨文化视域下高校英语教学的改革以及跨文化视域下高校英语教学的未来发展。

  在撰写本书的过程中，作者参考了大量的学术文献，得到了许多专家、学者的帮助和指导，在此表示真诚的感谢。由于作者水平有限，本书难免存在一些疏漏，在此，恳请读者批评指正。

李君英

2023 年 5 月

目 录

第一章 跨文化交际理论基础 ································· 1
  第一节 文化与交际 ····································· 1
  第二节 语言与文化 ···································· 16
  第三节 跨文化交际 ···································· 22

第二章 高校英语教学基础 ·································· 32
  第一节 高校英语教学理论基础 ··························· 32
  第二节 高校英语教学的构成 ····························· 47
  第三节 高校英语教学的原则 ····························· 54

第三章 跨文化视域下的英语教学 ····························· 60
  第一节 英语教学中的文化冲突 ··························· 60
  第二节 跨文化视域下英语教学的本质和任务 ················ 69
  第三节 跨文化交际能力框架的构建 ······················· 75

第四章 高校英语跨文化教学的实践探索 ························ 80
  第一节 加强高校英语跨文化教学的必要性 ·················· 80
  第二节 高校英语教学中跨文化教学的内容和实施途径 ········· 86
  第三节 构建跨文化交际的高校英语教学模式 ················ 95
  第四节 跨文化视域下高校英语教师的专业发展 ············· 103

第五章　跨文化视域下的高校英语教学方法 ································ 109
　　第一节　跨文化视域下高校英语的词汇与语法教学 ···················· 109
　　第二节　跨文化视域下高校英语的听说与阅读教学 ···················· 117
　　第三节　跨文化视域下高校英语的写作与翻译教学 ···················· 132

第六章　跨文化视域下高校英语教学的改革与发展 ···························· 137
　　第一节　跨文化视域下高校英语教学的改革 ································ 137
　　第二节　跨文化视域下高校英语教学的未来发展 ························ 143

参考文献 ··· 160

第一章　跨文化交际理论基础

本章介绍的是跨文化交际的基本理论概念，分别分析了文化与交际、语言与文化以及跨文化交际的相关理论内容。文化交际无所不在，每一天，每一刻，人们都在进行文化交际。只要有人存在的地方，就有文化交际发生。

第一节　文化与交际

一、文化的概念、特征、分类与功能

（一）文化的概念

关于文化的定义，很多学者、专家的观点可谓见仁见智。据统计，现已存在的关于文化的定义有200多种，这里就其中较有代表性的定义进行分析。

1. "文化"一词的来源

古汉语中的"文化"和现在的"文化"有着不同的含义。汉代的《说苑·指武》中第一次记载了该词，指出："文化不改，然后加诛。"[①] 这里的"文化"与"武功"相对，有文治教化的意义，表达的是一种治理社会的方法和主张。

广义的文化是指人类社会在历史实践过程中所创造的物质财富与精神财富的总和，狭义的文化是指社会的意识形态以及与之相适应的制度、组织机构。

culture一词来源于拉丁文cultura，是"耕种、居住、保护和崇拜"的意思。它曾经的意思是"犁"，指的是过程、动作，后来引申为培养人的技能、品质。到了18世纪，该词进一步转义，表示"整个社会里知识发展的普遍状态""心灵的普遍状态和习惯""各种艺术的普遍状态"。

---

① 刘向. 说苑译注[M]. 程翔，译. 北京：北京大学出版社，2009.

2.近现代学者的见解

英国人类学家爱德华·泰勒（Edward Tylor）对文化所作的定义可以算作文化定义的起源，是一种经典性的定义，被学术界普遍接受和认同。19世纪70年代，他出版了《原始文化》一书。他在该书中指出，"从广泛的民族学意义来讲，文化是一个复合整体，包括了知识、信仰、艺术、道德、法律、习俗以及作为一个社会成员的人所习得的其他一切能力和习惯"。[1]

拉里·萨姆瓦（Larry Samovar）等人是研究有关交际问题的学者，他们对文化作的定义概括起来就是："文化是经过前人的努力而积累、流传下来的知识、经验、信念、宗教以及物质财富等的总体。文化暗含在语言、交际行为和日常行为中。"[2]

莫兰（Moran）认为："文化是人类群体不断演变的生活方式，包含一套共有的生活实践体系，这一体系基于一套共有的世界观念，关系到一系列共有的文化产品，并置于特定的社会情境之中。其中，文化产品是文化的物理层面，是由文化社群以及文化个体创造或采纳的文化实体，文化个体的所有文化实践行为都是在特定的文化社群中发生的，文化社群包括社会环境和群体。"[3]

美国社会学家伊恩·罗伯逊（Ian Robertson）从社会学的角度对文化作了界定。他认为，文化包括大家享有的物质的和非物质的全部人类社会产品。

张岱年和程宜山指出，文化是人类在处理其与客观现实的关系时所采取的行为和思维方式及其所创造出来的一切成果，是活动方式与活动成果的辩证统一。

金惠康指出，文化是由生产方式、生活方式、价值观念和社会准则等构成的复合体。总体来讲，文化可以分为广义和狭义两种类型，具体含义如下：

第一，广义的文化是指人类在从事物质生产活动和精神生产活动时所创造的一切成果。从这个意义上讲，文化实际是人类通过改造自然和社会而逐步实现自身价值观念的过程。

第二，狭义的文化是指精神创造活动及其结果。文化是在社会中习得的一整套价值观、信念和行为规则。[4]

---

[1] 爱德华·泰勒.原始文化[M].蔡江浓，译.杭州：浙江人民出版社，1988.
[2] 拉里·萨姆瓦.跨文化传播[M].闵惠泉，译.北京：中国人民大学出版社，2010.
[3] 乔·莫兰.跨学科：人文学科的诞生、危机与未来[M].陈后亮，译.南京：南京大学出版社，2023.
[4] 金惠康.跨文化旅游翻译[M].天津：中国对外翻译出版社，2009.

(二) 文化的特征

1. 动态的可变性

文化的稳定性是相对的，而可变性是绝对的。文化的可变性具有内在和外在两种原因。

文化可变性的内在原因：文化是人类为了满足生存需要而采取的手段，随着生存条件的变化而变化。在人类文化史中，因为科技的发展使人们的思想和行为发生变化，所以重大的发明和发现推动着文化的变迁。

文化可变性的外在原因：文化传播或者文化碰撞可能使得文化内部要素发生"量"的变化，"量"的变化也可能产生"质"的变化。社会的发展以及国家、民族之间在经济和政治方面的频繁沟通、交流，使文化不断碰撞乃至发生变化。

物质形态的文化比精神形态的文化变化得更快、更多。例如，发生在衣、食、住、行等方面的变化要比信仰、价值观等方面的变化更加明显。随着改革开放的不断推进，人们的衣、食、住、行等"硬件"发生了巨大的变化。

2. 交际的符号性

文化是通过符号加以传授的知识，任何文化都是一种符号的象征，也是人们的思维和行为方式的象征。人类最明显的特征就是符号化的思维和行为，文化的创造过程也就是运用符号的过程。所以说，人是一种"符号的动物"。在创造文化的过程中，人类将认识世界和理解事物的结果转化为外显有形的行为方式，因而这些行为方式就构成了文化符号，从而成为人们的生活法则。世界是充满文化符号的，人们在生活中必然接受这些法则的规范和引导。人们一方面不可能脱离文化的束缚，另一方面又在这种文化中展现人生的意义和价值。

文化和交际之所以具有同一性，是因为文化的符号性特征。文化是"符号和意义的模式系统"，交际被视为文化的编码、解码过程，语言被视为编码、解码的工具。在交际中，误解是常见的一种现象，要想尽力避免误解的产生而使交际顺利进行，就需要交际双方对同一符号具有一致或相近的解释。在交际过程中，隐藏着一种潜在的危险，那就是差异。交际的顺利进行要求交际双方共享一套社会规范或行为准则。

3. 观念的整合性

文化集中体现群体行为规则，某一群体所有成员的行为可能都会被打上文化的烙印，因此，才有了中国文化、东方文化或西方文化等一些概念和说法。主流文化包含亚文化或群体文化、地域文化等。世界观、人生观、价值观等是文化的核心成分，社会组织、社会关系、社会地位等都属于文化范畴，文化规定着人们交际行为的内容和方式。由此可见，文化是一个由多种要素构成的复杂整体。在这个整体中，各要素互相补充、互相融合，共同塑造着民族性格。整个民族文化具有一个或几个"文化内核"，它发挥着整合文化的潜在作用。文化的整合性可以保证文化在环境的变迁中，维持一定程度的稳定性。例如，在中国的传统文化中，融自然哲学、政治哲学和伦理哲学为一体的世界观，以及"经国济世"等精神元素，作为中国文化的"内核"，一直发挥着"整合"作用。不同文化有着不同的"内核"，必然导致在价值观念、认知模式、生活形态上的差异。如果交际双方不能理解对方的文化，就可能会导致交际冲突。

4.民族的选择性

文化植根于人类社会，而人类社会以聚居集中的民族为区分单位，因此，文化也是植根于民族的机体。文化的疆界一般和民族的疆界一致。民族不仅具有体貌特征，还具有文化特征。例如，同为上古文明，古希腊、古印度、古埃及和古代中国的文化各有独特性。当一个社会容纳着众多民族时，很难保持文化的完全一致，其中必定包括一些互有差异的亚文化，使得大传统下各具特色的小传统得以形成。于是，在民族文化的大范围内，多种区域性文化常常同时并存。

因此，文化具有选择性。每一种特定文化只会选择对自己文化有意义的规则，所以，人们所遵循的行为规则是有限的。文化的这一特点导致了群体或民族中心主义，因此，它对跨文化交际来说十分重要。群体或民族中心主义是人类在交际过程中的普遍现象，人们会无意识地以自己的文化作为解释和评价别人行为的标准，显然，群体或民族中心主义会导致交际失误，当交际失误达到一定程度时就会带来文化冲突。

（三）文化的分类与功能

对于文化的分类，学术界存在多种观点，如"两分说""三分说""四分说"等。从不同的角度，可以对文化进行不同的分类。不管如何分类，文化所承担的功能都是一定的。

1. 文化的分类

（1）从表现形式的角度

按照表现形式，文化可以分为物质文化、制度文化和精神文化，这也是当今比较流行的"文化三分法"。

物质文化是人类在社会实践中的物质生产活动以及产品的总和。物质文化是文化的基础部分，以满足人类最基本的衣、食、住、行等生存需要为目标，为人类适应和改造环境提供物质装备。物质文化直接对自然界进行利用与改造，并最终以物质实体反映出来。

制度文化是指人类在社会实践中建立的各种社会规章制度、法规、组织形式等。人类之所以高于动物，其根本原因是人类在创造物质财富的同时，创造了一个服务于自己，同时又约束自己的社会环境，创造出一系列用以调节内部关系，从而更有效地应对客观世界的组织手段。

精神文化是指文化的意识形态部分，是人类在认识世界的过程中的关系和完善自己的一种知识上的措施，包括价值观、文学、哲学、道德、伦理、习俗、艺术、宗教信仰等。精神文化是由人类在长期的社会实践活动和意识活动中孕育出来的，因此也称为观念文化，是文化的精神内核。

（2）从内涵的角度

从文化的内涵特点出发，文化可以分为知识文化和交际文化。知识文化涉及的是在跨文化交际中没有表现出直接影响的文化知识，主要表现为一定的物质形式，如艺术品、文物古迹等。交际文化主要是指在跨文化交际中有直接影响的文化信息。交际文化主要以非物质为表现形式。显然，在知识文化和交际文化中，交际文化是需要学者密切研究和关注的重点。而在交际文化中，对内隐交际文化的研究又显得更为重要。因为只有深入研究不易察觉的、较为隐含的内隐交际文化，了解和把握交际对方的价值取向、心理结构情感特征等，才能满足深层次交往的需要，如政治外交、商务往来、学术交流等。在交际文化中，生活方式、社会习俗等属于外显交际文化，易于察觉和把握，而诸如世界观、人生观、价值观、思维方式、民族个性特征等则属于内隐交际文化，往往不易觉察和把握，却更为重要。

(3) 从层次的角度

按照层次的高低，文化可以分为高层文化、深层文化和民间文化。高层文化又称为"精英文化"，是指相对来说较为高雅的文化内涵，如哲学、历史、文学、艺术等。深层文化又称为"背景文化"，是指那些隐而不露，但起指导作用和决定作用的文化内涵，如价值取向、世界观、态度情感、思维模式、心理结构等。可见，深层文化与前述所提及的内隐交际文化相当。民间文化又称为"通俗文化"，是指那些与人们生活密切相关的文化内涵，如生活方式、风俗习惯、社交准则等。

(4) 从价值体系和地位的角度

按照价值体系的差异与社会地位的高低，文化可以分为主文化和亚文化。主文化和亚文化反映的是同一个政治共同体内的文化价值差异与社会分化状况。主文化是在社会上占主导地位的，为人们所普遍接受的文化。主文化在共同体内被认为具有最充分的合理性和合法性。具体来说，主文化包括三个子概念：侧重权力支配关系的主导文化，强调占据文化整体主要部分的主体文化，以及表示一个时期产生主要影响、代表时代主要趋势的主流文化。其中，主导文化是在权力捍卫下的文化，主体文化是由长期的社会过程造就的，而主流文化是当前社会的思想潮流。

亚文化又称为"副文化"，仅被社会上一部分成员所接受，或为某一社会群体所特有。亚文化所包含的价值观与行为方式有别于主文化，在文化权力关系中处于从属地位，在文化整体中占据次要的部分。亚文化有休闲亚文化、校园亚文化、宗教亚文化等之分。一般来说，亚文化不与主文化相抵触或对抗。但是，当一种亚文化在性质上发展到与主文化对立的时候，它就成为一种反文化。正如文化不一定是积极、先进的一样，反文化也不一定是消极、落后的。有时文化与反文化之间只是一种不同审美情趣的对立。在一定条件下，文化与反文化可以相互转化。

(5) 从文化对语境的依赖程度角度

按照文化对语境依赖程度的不同，文化可以分为高语境文化和低语境文化。语言是人类交流的主要工具，而人们的交流总是在特定的语境中进行的。关于语言与语境的关系，美国学者、人类学家爱德华·霍尔（Edward Hall）认为，人类的每一次交流总是包含两个方面：一是文本（text），二是语境（context）。

据此，在不同的文化中，人们通过语境进行交际的方式和程度就存在着差异，而这种差异制约着交际的顺利进行。也正是根据这种差异，霍尔将文化分为高语境文化和低语境文化。

高语境的交际或信息意味着大多数信息存在于自然环境中或者交际者的头脑里，只有极少数是以符号代码的形式进行传递的。而低语境的交际则正好相反，大量的信息借助符号代码来传递。

进一步说，高语境文化是指对语境的依赖程度较高，主要借助非语言符号进行交际的文化；低语境是指对语境的依赖程度较低，主要借助语言符号进行交际的文化。霍尔认为，中国、韩国等国家属于高语境文化，在生活体验、信息网络等方面几乎是同质的，而美国、瑞士、德国等国家则属于低语境文化，之间的异质性较大。[1]

低语境文化与高语境文化的成员在交际时易发生冲突。相对于高语境文化来说，语言信息在低语境文化内显得更为重要。低语境文化的成员在进行交际时，要求或期待对方的语言表达尽可能清晰、明确，否则，他们就会因信息模棱两可而产生困惑。而高语境文化的成员往往认为事实胜于雄辩，有时一切可尽在不言中。如果低语境文化的人有困惑之处，他们就会再三询问，这时高语境文化的人常常会感到不耐烦，甚至恼怒，从而产生误解。

（6）从民族文化比较的角度

根据不同民族文化的比较，文化可以分为评比性文化和非评比性文化。评比性文化是指有明显优劣、高下之分的文化。因此，它是比较容易鉴别价值的文化，人们对它的态度也较为明显。例如，和平文化是一种优性文化，而暴力文化则是一种劣性文化。

非评比性文化也就是中性文化，是指没有明显的优劣或高下之分的文化。非评比性文化一般与人们的行为方式、风俗习惯、审美情趣等相联系，如行为方式、玩笑方式、禁忌等。例如，中国人习惯用筷子，西方人习惯用刀叉，有人说使用筷子有利于人脑发展，也有人说使用刀叉更加便利。这些观点并无对错，也无优劣、高下之分。承认并尊重非评比性文化，意味着承认各民族之间的平等、理解各民族之间的文化差异。

---

[1] 爱德华·霍尔.超越文化[M].何道宽，译.北京：北京大学出版社，2010.

2. 文化的功能

（1）人生于世的基本需求

文化已经渗透到生活的每个角落，成为人类的基本生活需求。英国社会人类学家马林诺夫斯基认为，文化到现在已经成为满足人们三种需求的主要手段，这三种手段是基本需求、派生需求和综合需求。这些需求的满足方式受到文化差异的影响，但是，归根到底，人们求助于文化是想要正常且健康地存活下去。

（2）为人处世的一面镜子

从人们来到这个世界开始，文化就为他们提供了行为模式，引导人们的行为举止去符合特定文化的行为准则。有了文化的熏陶，人们才会逐步形成本文化的思维模式，并遵循一定的社会习俗、生活方式和交往方式，从而能够在特定的文化中自由存在。如果失去了文化的引导，人们就会觉得与他人的交往无法顺利进行，整个社会也会变得无序且凌乱。文化能教会我们利用人类历经数年的进化而积累起来的智慧，与他人、社会、自然和谐地相处，从而健康、顺利地向前发展。

（3）认识世界的锐利武器

文化能够帮助我们正确地认识世界，以及解决与文化相关的问题。文化的存在有其必然性，这是因为它使人们清楚地认知身处其间的环境。只有认识周围环境，我们才能以恰当的方式与他人、社会和自然交往，从而顺利地生存。

二、交际的定义与特征

在日常生活中，交际的例子不胜枚举。婴儿一降生就开始啼哭，啼哭就是婴儿与外界交际的方式，代表的含义可能是"我饿了""我渴了"。即使人们在独处的时候，也在交际。交际是人类活动的基础。

"交际"是一个特别古老的概念，来源于拉丁语，意为"共事""共有"。因此，"共享"和"共有"是交际的前提，也是交际的目的。通过交际，人们可以获得更多"共享"和"共有"的东西，如知识、技能等。在交际中，具有同一文化背景的人们可以进行有效的交流，而具有不同文化背景的人们，因为共享的东西有限，所以在交流时常常会产生沟通障碍。这就是跨文化交际。

（一）交际的定义

"交际"是指人以礼仪币帛相交接也。据此意义，"交际"一词后来泛指在社会各阶层成员交往中，人与人的往来应酬。《现代汉语词典》将"交际"定义为"人与人之间往来接触"。

同"文化"一样，作为学术上的专业术语，"交际"的定义也是多种多样的。关世杰将跨文化交际中的交流定义为"信息发送者与信息接收者共享信息的过程"。贾玉新把交际看成一个动态、多变的编译码过程，当交际者把意义赋予言语或非言语符号时，就产生了交际。在《跨文化交际学》一书中，贾玉新认为，"交际受制于文化、心理等多种因素。但交际不一定以主观意识为转移，可能是无意识的和无意的活动，是人们运用符号创造共享意义的过程。因此，我们说交际是一种运用符号传送和解释信息，从而获取共享意义的过程"[1]。

汉语"交际"一词指的是人与人的往来接触。英语 communication 来源于拉丁语 communicare，意为"分享"，可供分享的无非是信息，这些信息包括思想、消息、情绪、观点、态度等，分享的方式既可以借助于语言，也可以是文字、器物、视觉符号、肢体动作等。国内外学者对于交际的认识众说纷纭，不一而足。这些定义有的侧重交际的内容，有的关注交际的方式，还有的着眼于交际的符号特征。

交际包括三个维度，分别是观察的层次（level of observation）、意向性（intentionality）和规范性评价（normative judgement）。观察的层次，又称为抽象化（abstractness）的程度，指的是交际具有较高的抽象性和概括性。意向性是指交际行为是有意为之还是无心之举。在实际的交往过程中，交际双方在信息的传递和接收上并不总是处于一种完美的状态，一方主动地、有意地传递某种信息，另一方却可能视而不见或无法理解，导致交际的失败。又或者，一方作出某个动作，该动作在本民族文化语境中表现为一种积极的态度，但在另一方的文化语境中可能被解释为冒犯和侮辱，从而引发交际危机。规范性评价是对交际成功与否的判定。有人主张信息接收者对信息的准确理解是判定交际是否成功的标准，然而，在现实的交际过程中处处存在误解或困惑，这两种情形都是未能对信息作出正确的理解所致。因此，我们主张，只要有信息的传递，无论接收者理解与否，都是交际的达成。

综上，交际的发生是自身的需要，同时又需要他人的参与。交际的实现不仅

---

[1] 贾玉新. 跨文化交际学 [M]. 上海：上海外语教育出版社，1997.

需要信息的编码和解码，同时也表明了信息双方之间的关系。例如，在信息内容不变的情况下，使用不同的语气揭示了对话双方之间的关系。"麻烦您关一下窗户。""小张，关一下窗户。"第一个情景很可能是两个陌生人之间的对话，第二个情景则可能是上级对下级、长辈对晚辈所说的话。交际不是简单的信息传递，而是一个极其复杂的概念，涉及信息传递的方式、交际双方的关系、性格、言谈举止等。

因此，交际是一种行为，是人们相互之间有意或下意识的一种信息交换。例如，一句话、一个眼神，举手投足之间都能够传递某种信息，这种信息包括需求、愿望、感觉或态度等，其他学者称之为"关系"。交际的构成要素有信息、信息发出者、信息接收者。在交际过程中，信息接收者既可以是信息的主动接收者，也可以是被动接收者。尽管交际能够突破时空的限制，比如网络的普及使得信息的传递在时间上没有延迟，也突破了距离的约束，但是，成功的交际仍然需要交际双方共享一定的文化背景，否则可能会导致交际的失败。简而言之，"交际"这个概念的复杂性丝毫不亚于"文化"。随着时间的推移，人们对于交际的认识必将获得进一步的深化。

随着交际学在美国的兴起、发展和逐渐成熟，"交际"的概念连同这门学科一起被迅速地传播到世界各个国家。本书所提及的"交际"一词，主要是指英语中的"communication"。不同语言间文化习俗的比较就是帮助在跨文化交际中不同文化背景下的人们互相了解，获得更多"共有"和"共享"的共同点，从而消除跨文化交际过程中的障碍。

交际的过程包括信息源、编码、信息、渠道、干扰、信息接收者、解码、信息接收者的反应、反馈和语境十个要素。

1. 信息源

信息源通常指具有交际需要和愿望的具体的人。信息源是消息的制造者。贾玉新指出，需要就是指希望别人对自己作为个体而存在的认可，对自己思想的共享或改变别人态度和行为的社会需要，愿望则是指试图与别人分享自己内心世界的欲望。因为交际过程通常由一人以上参与，所以在交际过程中通常有多个信息源共同存在。

2. 编码

在交际过程中，人们不能直接共享观念和思想，而必须通过符号的辅助。人们把思想付诸符号的形式表达出来，这个把思想转化成符号的过程即称为编码。贾玉新指出："编码是一种心理活动，是一个依据社会、文化和交往规则，语言本体的词法、句法等规则对语码进行选择、组合和创造信息的过程。人们表达同一思想的符号并不相同，往往受到文化的影响。人们的思想可以通过语言或非语言符号的形式表达。"[1]

3. 信息

信息是编码的结果。编码是行为，是动词；信息是结果，是名词。信息表达了信息源想要分享的想法和感受，是信息源内心所思的具体表现，是对交际个体在时空中某一特定时刻的心态的具体写照。信息可以通过语言或非语言符号表达出来，包括词汇、语法和思想的组织、外貌特征、动作、声音以及个人性格的某些方面。每一个信息都是独一无二的。即使信息制造者又制造了同一个信息，信息接收者接收该信息的方式也会有所不同，发生的情境也不同。

4. 渠道

渠道就是传递被编码的信息的途径。渠道是把信息源和信息接收者连接起来的物理手段或媒介。信息传递的手段多种多样：可以是书面形式的，如书信往来、书刊、报纸、告示等；可以是电子形式的，如电话、电视等；可以是声波和光波形式的，如广播、录音、图片等。例如，在面对面交谈中，声波和光波就是渠道，在书信往来中，光波是渠道。但是，信纸和文字本身也是信息得以传递的渠道。除了使用书籍、电影、录像带、电视机、电脑、广播、杂志、报纸、图片等信息传递的渠道外，人们还通过嗅觉和触摸来传递信息，它们也是信息传递的渠道。

5. 干扰

所有影响信息的因素统称为干扰。干扰有很多种不同的形式，可以大致归为三类：外部干扰、内部干扰和语意干扰。外部干扰是指分散人们对信息的注意力的声音、图像和其他刺激物。外部干扰来自外部环境，阻止信息的接收。内部干扰是指干扰人们注意信息的思想和感受。内部干扰出现的原因是信息的发出者或

---

[1] 贾玉新. 跨文化交际学 [M]. 上海：上海外语教育出版社，1997.

接收者的思想和感受没有集中在交际本身，而集中在其他的事情上。有时，人们的信仰和偏见也会成为内部干扰。语意干扰是指信息源发出的信息符号包含多个意思而造成的干扰。

6. 信息接收者

信息接收者是接收并注意信息的人。信息接收者可以是有意图接收信息的，如他就是信息源意欲交际的对象；也可以是无意图的，在如他恰巧听到了某个信息。交际通常是一个连续不断的、反复的过程。在交际中，人们通常既是信息源又是信息接收者。

7. 解码

解码是与编码相反的过程，也是一个对信息加工的心理活动。信息接收者积极地参与交际过程，赋予接收到的符号信息含义。

8. 信息接收者的反应

信息接收者的反应是指信息接收者在解码后的行为。信息接收者的反应可能是对信息源的行为视而不见，听而不闻，不采取任何行动，也可能是采取了信息源所期待的行为，甚至可能是信息源不希望看到的行为。

9. 反馈

反馈是信息接收者反应的一部分，是被信息源接收到，并且被赋予含义的信息接收者的反应。不同的读者阅读同一本书后会有不同的反应，但是，只有读者参与了某项调查，或者是给作者写信表达了自己的感受，反馈才会发生。反馈对交际有十分重要的意义，交际者可以通过反馈来检验是否有效地传达和分享了信息，以便及时对自己的行为作出调整。一般来说，在面对面的交谈中，交际者得到反馈的机会最多。

10. 语境

语境是交际中的最后一个组成部分。语境就是交际发生的场所和情境。语境可以是物理的，也可以是社会的和人际的。交际发生的语境能够帮助人们更加深入地了解交际。例如，一旦人们了解了交际发生的物理语境，在某种程度上就可以准确地预测所发生的交际。

（二）交际的特征

基于交际的定义，我们知道，交际通常是指人与人之间相互作用而产生的一个过程。这个过程由信息传递方、信息接收方、信息、传媒、噪声等因素构成。

1. 交际是一种运用符号的过程

特定符号能够表达一定的意义，这是因为一个群体的成员对于某一个符号所代表的意义已经达成了相对一致的认识。在这里，符号可以是一个动作、一个眼神、一件物品或是一句话，是表达意义的有效单位。来自同一个文化背景下的两个人比较容易通过交流达到交际目的，这是因为他们对于同一符号的表述意义有着相近的理解，但绝对不是一模一样的复制理解。而对于来自不同文化背景的人们来说，他们对于同一个符号可能就会有大相径庭的会意，容易使交际不顺畅。

2. 交际是一个传送和解释信息的过程

信息传送是指将思想、情感或态度等转换成他人可以理解的形式的过程，其中，传送信息的形式可以是书面语言的，也可以是非语言的。解释信息是指根据一定的环境理解信息所承载的意义，其意义是信息接收者对信息的自身理解。因此，在同一文化背景下，不同交流者对于同一信息有不同的理解，信息传递方和信息接收方对信息就会有不同的会意。而对信息理解意义的不同就决定了交际是否成功，是否会出现较大障碍而使交际无法继续进行。此外，在传递方和接收方的交际中，信息的传送和解释不是一个静态的过程，而是一种动态的、处于变化之中的过程。同时，交际还是一个不可逆转的过程。也就是说，交际中一旦发出的信息被对方接收以后，就不可能反悔重来，即便经过修正后重新发出，对接收者而言，就是一个新信息。交际的过程一旦完成，就是一个不可撤销的过去完成时。

3. 交际是一种共享意义的获取

在交际中，信息传递方和信息接收方传送和接收的是一系列符合表述的信息。也就是说，信息可以被传递，而信息的意义则取决于传递方和接收方的会意和理解，因为它的意义受社会中众多因素的影响和制约，如双方的文化取向、社会地位和交际发生的场合等。成功的交际过程要求信息发送者在发送信息时将他要表达的意义赋予特定的"符号串",同时,必须考虑到信息发送的环境、方式、渠道等因素,信息接收者通过接收"符号串"来获取信息意义。此时的信息虽然与发送者所要传递的意义有一定的误差,但是仍然可以看作发送者和接收者所共享的意义。因此,交际是信息接收者与信息发送者共享意义获取的过程。

4. 交际活动是一个有规律可循的行为

交际可以分为言语交际和非言语交际。言语交际需要遵循一定的语法、语用和语篇规则,非言语交际也需要遵循一定的社会文化规则,这就导致不同文化背景下的交流者进行交际时,往往因为上述规则不同而使交际变得举步维艰。但是,只要双方掌握了这些不同文化背景下的社会文化规则,就能够实现有效的跨文化交际。此外,交际双方可以根据交际活动的规律性预测交际行为的结果,预测的准确程度则取决于对交际因素的掌握程度。贾玉新认为:在同一个文化背景下,人们的交际遵循的是同一套规则,因此更容易预测交际行为的结果;在不同文化背景下,人们交际遵循的可能是两套不同的规则,或者一方对另一方的规则不太熟悉,这都会导致交际者在交际时出现一定障碍。但交际具有适应性的特点,处于交流中的人总是有意无意地努力适应对方、适应各种外界的社交环境。

三、文化与交际的关系

"文化即交际,交际即文化",这一论断概括了文化与交际的关系,即两者难分彼此、互相缠绕在一起。文化的产生、代际传递等有赖于个体与个体、个体与群体之间的交流,在这个意义上,整个人类社会的文化就是交际的产物。交际不能在真空中进行,交际双方都带有某种文化特质。文化与交际相辅相成,文化决定着交际模式,有着相同文化背景的人们在交际中视为理所当然的事情,在其他文化中可能具有不同的,甚至相抵触的含义。交际又反作用于文化,高语境文化和低语境文化之间没有不可跨越的鸿沟,在全球化的今天,两者可能发生转变。由此可见,文化和交际具有高度的关联性,两者的区别在于文化侧重结构,而交际侧重过程。交际是文化的一部分,文化认同是交际得以进行的前提,而交际又为我们认识不同的文化提供了必要的途径。

文化与交际之间的关系非常密切,两者之间的界限并非一目了然、清晰可辨。一个民族的文化表现为绘画、建筑、文学、信仰、道德、法律等，但是，我们如何认识这些具体的表现形式呢？答案是借助于交际。文学作为文化的一部分，以文字编码的形式向我们传达出一种特定的信息。从宽泛的意义上来说，文化即交际。

此外，价值观、伦理道德等在指导和规范交际行为中发挥着关键作用。显而易见，文化是交际的基础，不仅参与了交际的每一个步骤，而且决定着交际能否顺利进行。反之，交际也反作用于文化。交际的拓展和深入有助于文化的发展。例如，在历史上，我国与其他国家的贸易往来和接触在语言上留下了一些可供探寻的痕迹，表现为本族语言对外来词的借用。再比如，相传，佛教自东汉时期传入我国，对我国人民的思想意识、文化艺术、民族关系、宗教信仰等产生了极大的影响。交际对文化的影响还表现在人格的塑造上。就个体而言，他的世界观、人生观、价值观的形成要受到周边人群的影响。个人的成长正是在与他人的交往中实现的，父母和老师教给我们成为社会成员必须遵守的一些规则和习惯，我们与朋友、同事之间的互相扶持促使我们进步，我们从陌生人的故事中获得正能量或吸取教训等。如果没有交际，那么个体文化的建立也就无从谈起。

总之，交际与文化是统一的。可以说，文化是冻结了的交际，交际是流动着的文化。具体来说，文化与交际的关系如下：

第一，交际受制于文化，文化影响着交际。交际行为是文化行为和社会行为，受到社会文化中世界观、人生观、价值观等文化核心成分的影响和制约。交际行为的译码活动受制于文化特定规则或规范。交际双方只有共享一套社会期望、社会规范或行为准则时，才利于其交际的顺利进行。

第二，交际隶属于文化，并且是文化的传承媒介和编码系统。从社会学角度看，人们习得交际的能力是通过交际完成社会化的过程，又通过交际建立内外部世界。有了交际，人们的活动、文化才能得到存储和传承。

第三，交际在影响文化的过程中丰富着文化。二者相互依存、相互促进。另外，交际也给文化注入新的活力、增添新的成分。

第四，文化的差异性会使跨文化交际过程中意义的赋予变得更加复杂，从而导致编码人传递的信息和译码人获得的意义之间存在差距。

第二节 语言与文化

一、语言的本质与功能

(一)语言的本质

1.《韦氏新世纪词典》的解释

语言的定义是什么？这一问题很难回答。《韦氏新世纪词典》(*Webster's New World Dictionary*)列出了"语言"一词最常用的几个定义：

第一，人类语言（human speech）。

第二，通过这一手段进行交际的能力（the ability to communicate by this means）。

第三，一种语言和语义相结合的系统，用来表达和交流思想感情（A system of vocal sounds and combinations of such sounds to which meaning is attributed, used for the expression or communication of thoughts' and feelings）。

第四，系统的书写形式（the written representation of such a system）。

第五，任何一种表达或交流的手段，如手势、标牌或动物的声音（any means of expressing or communicating, as gestures, signs, or animal sounds）。

第六，由符号、数字和规则等组合成的一套特殊体系，用来传递信息，类似计算机信息传递（A special set of symbols, letters, numerals, rules etc.Used for the transmission of information, as in a computer）。[1]

2.学者的观点

不同的学者站在不同的角度，对语言的本质问题给予了不同的回答。

第一，从语言与人类精神活动关系的角度，德国语言学家斯坦塔尔（Steinthal）提出，语言是对意识到的内部的、心理的和精神的运动、状态和关系的有声表达。德国语言学家洪堡特（Humboldt）认为，语言是构成思想的工具。

第二，从语言结构的角度，丹麦语言学家叶尔姆斯列夫（Hjelmslev）认为，语言是纯关系的结构，是不依赖于实际表现的形式或公式。

---

[1] 阿格纳斯.韦氏新世纪词典[M].沈阳：辽宁教育出版社，2001.

第三，从语言功能的角度，美国语言学家萨丕尔（Sapir）认为，语言是人类特有的，非本能地利用任意产生的符号体系来表达思想感情和愿望的方式。德国—奥地利语言学家舒哈特（Schuchardt）认为，语言的本质就在于交际。

第四，从语言的心理和认知基础的角度，瑞士语言学家索绪尔（Saussure）认为，语言是表达思想的符号体系。美国语言学家乔姆斯基（Chomsky）认为，语言是一种能力，是人脑中一种特有的机制。

语言学界还没有给语言下一个统一的定义。语言最简明、最直接的定义就是"语言是一种交际方式"①。

（二）语言的功能

语言通过语音、文字等自身的符号系统赋予外部世界以意义。相同的事物或事件在不同文化中会引起不同的感受。语言的功能包括心理学功能和社会学功能。以下将具体阐明语言的功能和分类：

1.语言的心理学功能

语言的心理学功能是人们用来与客观世界相互沟通的手段，是人们认识外部世界的心理过程，是内隐的、主观的功能。它可以细分为命名功能、陈述功能、表达功能、认知功能和建模功能。

（1）命名功能

命名功能指的是语言被用作标识事物或事件的手段。赋予个人体验以名称，这是人类一种强烈的心理需求，这种需求蕴含着重要意义。大部分儿童对掌握生词有一种迫切的要求，这一点也就表明了掌握鉴别事物的符号的重要性。只有掌握了鉴别事物的符号，似乎才算是掌控了这类事物。

在人类还没有语言之时，世界万物在人类的心目中也会留下不同的印象，从而使得人们可以感觉到它们之间的差异，并且，通过不同形象的识别来分辨它们，但人类无法表达出来。也许此时人类的大脑中只存在一些有关这些事物简单的意会，而且没有标识的事物一旦多起来可能会造成混乱。人们在第一次见到一只兔子时，只知道它在田野里跑得很快，并不知道它是什么，只能在脑子里记住它的形象；人们在第一次见到荷花时，也不知道它是什么，但能感觉到它与之前看到

---

①杨敏.跨文化背景下的大学英语教学[M].北京：中国原子能出版社，2020.

的事物的差异，也只能在脑子里记住它的形象。随着脑子里的事物越来越多，而且都是叫不出名字的事物，这时人们的记忆必定会变得混乱。在这种情形下，人们就有了为事物命名以示区别的客观需要，一些名称相继出现。随着语言的诞生和不断完善，为事物命名和赋予事物以意义，这些问题就得到了很好的解决，使得人类的记忆力得以提高，进而发展了人类的智力。

（2）陈述功能

陈述功能指的是语言被用作说明事物或事件之间关系的手段。随着人类文明和社会的发展，仅有命名功能不足以满足人们的交际需求。在现实生活中，人、事、物之间总是发生着各种隐含或外显的关系，而且，人们往往有表达这些关系的需求。于是，最初人类就采用一些主谓句式或者"话题—评述"的功能语法结构等来表达事物之间的关系，从而形成一个个命题。但是，通常情况下，一个命题显然无法满足人们交际的需要，于是，人们就创造出若干命题，从而形成了篇章。因此，人类就慢慢学会了表达复杂的命题。

（3）表达功能

表达功能是指语言被用作表达主观感受的手段。它可以是简单的词语，也可以是短语或完整的句子。它是人们对事物作出的强烈反应，也是人们对生活中喜、怒、哀、乐的表达。语言的表达功能也可以是指人们仔细推敲词句结构、韵律、语篇框架等，以达到传达内心情感的效果，如演讲词、散文等。这样，语言就具有了美学意义。

（4）认知功能

认知功能是指语言被用作思考的手段或媒介。它是语言的重要功能。人们的思维活动是以语言为载体进行的，即用语言进行思维。一切复杂的、精密的、抽象的思维都离不开语言。语言帮助人类进行抽象、推理、判断、分析、比较、概括等更高层次的思维，从而使人类的头脑越来越发达，进而创造出丰富多彩的物质文明和精神文明，构筑了灿烂的文化。人们在进行思维时，就是在对客观世界进行认知，而语言在人们的思维活动中发挥着认知的功能。

（5）建模功能

建模功能是指语言被用作构建反映客观现实的认知图式的手段。随着人类认知能力和语言表达能力的提高，以及语言文化的发展，词语就能提供一种观察世界的图式结构。因此，全部词语符号系统就形成了反映大千世界的模型。在这个模型中，词语可分成若干层次，当代语言学称层次在下的词为"下义词"，层次在上的词为"上义词"。最底层的词语指的是具体事物，层次越往上，词语所指越宽泛。上义词和下义词也是相对而言的。随着新事物的出现，曾经的下义词可以变为上义词。例如，在远古时期，"树"只是一个孤零零的、无法再分的下义词；随着人类认识能力的增强，人们发现"树"可以分为很多种类，包括"松树""柏树""杨树"等，这样"树"这个词就升格成了上义词。这种由上义词和下义词构成的词语系统全面地反映了大千世界的事物类型。语言的建模功能不仅提升了人类认识客观世界的能力，也促进了人类语言能力的提升，从而增强了人类对自身主观世界的认识能力。

2. 语言的社会学功能

语言的社会学功能是指语言被用作进行人际沟通的手段。它是人们进行沟通的心理过程，体现的是语言的交际功能，具有外显性和交互性。社会学功能可以进一步细分为人际功能、信息功能、祈使功能、述行功能、煽情功能。

（1）人际功能

人际功能是指语言被用作维持或改善人际关系的手段。人们为了维持或改善人际关系，会根据场合、身份的不同而采用不同的用语，包括礼仪用语、正式用语、非正式用语等。这样，使用者一来可以获取别人的好感，二来可以彰显自己的身份地位。有权势的人在和地位低于他们的人交谈时，往往会用一种屈尊俯就的口气，而一些想讨好有权势者的人会曲意逢迎地和权势较高的人说话。这些现象在语言学家看来属于语言人际功能的过度运用。有时，人们谈话只是单纯地出于维持交往、保持亲密的需要。例如，鸡尾酒会上交谈会话的语义内涵常常为零，但为了营造一种开心惬意的氛围，人们就会不断闲聊一些不相关的琐碎小事。在此种场合，人们所说的话大多属于过场话、客套话之类。

（2）信息功能

信息功能是指语言被用作传递信息的手段。一般来讲，人们在说话时是在传递某种信息的，从而发挥着语言的信息功能。但有一点需要强调，即所传递的信息必须与信息接收者已有的信息结构相匹配，否则，信息接收者将无法接收所传递的信息。最典型的例子是课堂教学，教师必须在学生现有的知识结构的基础上传授知识技能，这就使得"因材施教"变得非常重要。不仅仅是教学内容，教学语言也应随教学对象的变化而变化。

（3）祈使功能

祈使功能是指语言被用作发布指令的手段。在语言交际中，人们常常会彼此提醒、告诫、请求等，此时多采用祈使句型。语言发挥着祈使功能，它会影响受话人的行为举止。

（4）述行功能

述行功能是指语言被用作宣布行为或事件的手段。说话人大都是权威人士或代表着权威机构或组织，所用语言也都是十分正式、结构规范的词语和句式。说话人的讲话内容与受话人密切相关。

（5）煽情功能

煽情功能是指语言被用作煽情的手段。在很多情况下，人们运用语言只是想打动听话者的心弦，影响他们的情绪。所用词语的联想意义或内涵意义越是丰富，就越能达到煽情的目的。例如，政治家的语言可以鼓舞国民的士气而使他们同仇敌忾，广告宣传员的语言可以勾起消费者的购买欲，慈善活动组织者的语言可以触动人们的恻隐之心。总之，通过选用恰当的词语，发话者可以有效地激发受话者的情感，所激发的情感范围不受限制。

需要强调的是，语言的五种社会学功能在具体运用中是相互联系的。通常，语言会同时涉及几种功能，只是各种功能所占的比例不同。

二、语言与文化的关系

（一）语言对于文化

1. 语言是文化的载体

语言对文化的影响巨大。思维建立在文化的基础之上，而又是以语言为唯一载体。所以，语言不仅体现着文化，也极大地影响着文化。在思维的前提下，人类才会培养出自己的世界观、人生观和价值观等一系列文化要素。而且，语言对人类思维的质量也有一定影响，从而影响文化的发展。语言记录并传播着文化。语言让文化在同代人以及不同代人之间传承。

文化的载体具有多样性，而且，文化与载体之间是相互渗透、相互依存的。语言作为文化最重要的一种载体，能起到长久保存文化知识的作用。语言见证并记载着文化的演变，是调查民族文化的宝贵途径。语言研究可以使人们了解思想观念的继承、意识形态的演变和思维模式的延续。有了语言的产生和发展，才有了文化的产生和传承。没有语言的文化，或者没有文化的语言，都是不可能存在的。同时，文化时刻影响着语言，使语言为了适应文化的发展而不断精确化。语言承载着文化，文化蕴含着丰富的语言要素。除了语言以外，文学、艺术、建筑等都是文化的载体。语言之所以是文化的重要载体，主要有以下几种原因：

第一，语言反映了语言运用者的知识文化。人类借助文字将各民族的知识文化记载下来，传于后世。

第二，语言反映了语言运用者所处社会的生产力水平和生产关系。

第三，语言反映了语言运用者的生活方式和行为准则。

第四，语言是人类思维的载体。语言是人类自身的一个组成部分，浸润于人类的思维和观察世界的方式之中。

第五，语言反映了语言运用者的思维模式和思维内容。

第六，语言反映了语言运用者的情绪模式和情感指向。

2. 语言是文化的风向标

语言在一定程度上引导着文化。语言可以引导人们去了解某种文化认识外部世界的方式，而且，不同的文化由于面对不同的客观现实，因此会创造出不同的语言。人类的语言与文化身份之间并不是一一对应的，但语言敏锐地反映着个人与特定社会之间的关系。在不同的历史时期，语言质量表现出不同的状态；即使在同一历史时期的不同群体之间，语言质量也是有差别的。人类早期的语言显然不如现代人的语言那么严密、丰富。语言在理解彼此、理解文化方面，起着不可忽视和替代的作用。要想了解一种语言，就必须了解语言背后隐藏的文化。语言差异引起人们感知外部世界的方式和结果的差异。所以，学习语言与了解文化两者间是相辅相成的关系。

（二）文化对于语言

语言对思维有着不可忽视的影响，因此，语言也就必然影响着文化，文化也深深地影响着语言。语言与文化充分地体现了民族的心理过程、推理过程和思考问题的过程。

　　社会不断地发展变化，与过去的十年、五十年甚至几百年相比，今天的世界是一个全新的、不同的世界。与此相对应，语言也发生了翻天覆地的变化。这种变化不仅表现在表达方式方面，也表现在各个领域所产生的海量新词汇上。所有这些都表明，丰富多彩的文化势必孵化出丰富多彩的语言。语言只是思维的载体，无法决定人们的思维。文化才是决定人类思维内容、模式和动机的关键因素。人们自从出生后就浸润在特定的文化中，形成特定的思维模式和价值观，并自觉地遵守相应的行为规范。文化正是由于自身的熏陶力量，使人们形成特定文化认可的行为方式，从而与他人和睦相处，进而维持社会的稳定秩序。另外，文化也起到娱乐的作用。人们可以享受到文化赋予的乐趣，如传统节日不仅可以增加人们有关传统文化方面的知识，还会带给人们乐趣。

第三节　跨文化交际

一、跨文化交际的起源与发展

　　世界跨文化交际的历史源远流长。古埃及在公元前1750年就有了埃及人与亚洲人交往的记录。公元前1500年左右，产生于西亚的底格里斯河、幼发拉底河流域的乌加里特字母很早就传到了希腊，故而今日的希腊字母和阿拉伯字母都是在乌加里特字母的基础上发展起来的。后来的拉丁字母、斯拉夫字母，以及今天的英文、法文、俄文、德文、梵文等也都是乌加里特字母的进一步发展。公元前4世纪，北起希腊，南到埃及，东抵印度的亚历山大帝国的建立，更促进了欧洲文明、阿拉伯文明和印度文明的直接交流、冲突和融合，影响和推动了世界文化交流的进程。而我们的祖先从战国时期赵武灵王引进"胡服骑射"到公元前210年秦始皇命徐福远涉重洋抵达日本，带去了中国的农耕文化和手工业技术，跨文化交流现象也可谓问世已久。公元前136年至公元前126年，张骞通西域后，我国开始沿着陆地和海上丝绸之路与世界各国人民进行文化交流。造纸、火药、指南针、印刷术的西传，中国与印度高僧的互访（如达摩东来、玄奘西行），马可·波罗来华和郑和下西洋等也为跨文化交际作出了贡献。但多数人认为，真正意义上的跨文化交际研究源于美国，这是有一定的客观条件和文化背景的。

（一）跨文化交际的起源

第二次世界大战之后，美国在世界许多地区建立了军事基地。联合国建立后，跨文化交际在国际事务中发挥了重要作用。世界银行、世界卫生组织、联合国粮食及农业组织等国际性机构也纷纷建立。美国政府为了加强对世界各国的影响，就需要了解这些国家的政治、经济和文化。1953年，美国国会通过法律，建立了"美国新闻总署"（International Communication Agency）。该机构负责运用各种手段进行对外宣传，"美国之音"就是对外宣传的工具。

在经济方面，第二次世界大战之后，美国经济向世界各国渗透，跨国公司的迅速发展使美国与各国间的经济往来日益密切；实业家、商人、科学家、留学生、旅游者等多种形式的国际交往日益增多。在此期间，美国航空技术和通信技术得到迅速发展，喷气式客机可以在36个小时内把人们送到世界的各个角落。电视机的普及使大众传播媒介发生巨大变化。这些都促进了美国与不同文化国家的交往。

政治与经济促进了文化人类学、社会心理学、教育学、传播学等学科对文化与交流之间关系进行系统和理论上的研究。20世纪50年代，在这一领域的开拓者是爱德华·霍尔。他多年来的工作重点是选拔和训练到国外从事政府和商业工作的美国人。他发现，美国人与他国人民相处时的许多困难是由对跨文化交际知识异常贫乏而引起的。这方面的无知可能使美国在海外的计划和巨大努力付诸东流。霍尔认为，其中的一些问题可以通过跨文化交流的知识来解决。1959年，他的经典著作《无声的语言》（*The Silent Language*）出版。在该书中，霍尔首次使用了"跨文化交际"（intercultural communication）一词。从某种角度来讲，该书的出版标志着跨文化交际学的诞生。该书综合了在理解文化和交流时的一些关键和基本问题，指出了不同文化对人际距离（interpersonal distance）、对时间的感知各不相同，并由此产生对异文化的误解。该书大力推动了跨文化交际研究的发展，所以，一些人认为，跨文化交际学发源于文化人类学。

20世纪60年代，美国国内以黑人为先锋掀起了争取民权的斗争，这对跨文化交际学也是一个促进。1964年，美国国会通过了《民权法案》，政府开始正视国内的民权问题。美国人认识到不同群体、不同文化群体之间的交流不但是国际性的问题，而且是一个亟待解决的国内问题。此外，来自印度支那的难民大量涌入美国以及中美洲国家，同时加勒比地区和墨西哥也有大批移民进入美国，这也增加了对美国解决国内跨文化交际问题研究的迫切性。在这一时期，学者加强了对文化与传播学的综合研究，跨文化交际在传播学领域得到了长足的发展。例如，奥利弗（Oliver）在1962年出版的《文化与交际》（*Culture and Communication*）和史密斯（Smith）在1966年出版的《交际与文化》（*Communication and Culture*）两本书，就是把文化与传播学相结合的跨文化交际研究的代表作。

20世纪60年代，跨文化交际成为一门新兴的交叉学科。在这个时期，跨文化交际侧重于研究交际文化，以研究语言与文化的关系为主旨，以提高语言教学质量和有效地进行跨文化交际为目的。这一学科的兴起和发展同语言教学、日益频繁的跨文化交往有着直接的联系。积极开展跨文化与不同语言关系方面的研究工作不仅有重要的理论意义，而且有极大的应用价值。随着研究的深入，20世纪60年代中期，美国匹兹堡大学、密执安州立大学等几所院校率先开设了该类课程。

20世纪70年代初，美国的"言语交流协会"成立了"国际交流和跨文化交际问题委员会"（Commission on International and Intercultural Communication，20世纪80年代中期成为一个独立的部门）。同期，"国际传播协会"（International Communication Association，20世纪80年代中期改为"跨文化交流和发展交流部"）成为"国际传播学会"的八个分会之一。1974年，《国际与跨文化交际年刊》（*International and Intercultural Communication Annual*）第1卷出版；1977年，《跨文化关系国际杂志》（*International Journal of Intercultural Relations*）第1期等学术杂志出版。20世纪70年代，出版了10多种跨文化交际的教科书或参考读物，如阿森特等人编辑出版的《跨文化交际学指南》。同时，更多的大专院校开始设立跨文化交际课程。据美国"跨文化教育、训练和研究会"（Society for Intercultural Education, Training and Rescarch，缩写为SIETAR）的调查，1977年，在全美国有450多个教育机构教授"跨文化交际"课程。有的高校还颁发跨文化交际学的硕士、博士学位，为跨文化交际培养了一大批优秀的学者。美国还出现了专门出版跨文化交际领域的出版社，如塞奇出版公司。

20世纪80年代，跨文化交际从美国一国研究的冷门课题走向世界，得到世界越来越多国家学术界的重视。跨文化交际学的研究在其他西方各国迅速开展起来，成为一个世界性的时髦课题，甚至吸引了不少业余爱好者。SIETAR逐渐发展成为国际性组织。由于卫星和电视技术等通信技术的迅猛发展，跨文化交际这一学科有了进一步的发展。跨文化交际具有多学科性质，主要涉及文化人类学、社会心理学、社会语言学、传播学等学科。它除了研究文化的定义和特点、交际的定义与特征以及文化与交际的关系外，还着重研究干扰交际的文化因素。这些因素包括语言与非语言手段、社会准则、社会组织、价值观等。语言包括词汇的文化内涵、篇章结构、思维模式和翻译等方面。非语言手段包括手势、身势、服饰、音调、微笑、沉默、对时间的不同观念和空间使用等。社交准则泛指人们在交往中必须遵守的各种规则和风俗习惯。社会组织是指家庭中各成员的关系、同事朋友关系、上下级关系等。价值观念包括人与自然的关系、宗教关系、道德标准，以及世界观、人生观等。跨文化交际的理论和研究方法、跨文化适应、语言和文化的关系、跨文化间的外交和谈判等都成了热门话题。各学科人士踊跃投稿，跨文化交际的刊物也越来越多，跨文化交际学的研究方兴未艾。

由于跨文化交际是应现代社会生活中迫切的实际需要而诞生的，因此这就使它从一开始就带有明显的实用性。从20世纪80年代起，跨文化交际的理论被应用到国际商业和国际经济管理等实用部门。美国和欧洲一些国家还专门成立了进行跨文化交际的培训机构，用跨文化交流的知识培训经理人员，使他们具有与各种文化背景的人打交道的能力。跨文化交流培训班日益增多。美国和欧洲商业界的跨国公司，如洛克菲勒国际公司、国际商业机器公司和通用公司等为了满足国际业务需求，筹建了数量可观的"实用跨文化管理协会"和其他类似机构，以培养国际性谈判人员、产品推销人员和驻外服务人员等。可口可乐公司、美国花旗银行、海湾石油公司、摩托罗拉公司、斯堪的纳维亚航空系统也纷纷建立了跨文化交际培训机构。美国的跨文化交际研究取得了世人瞩目的成就。

（二）跨文化交际在我国的引进与发展

跨文化交际研究在我国的历史较短，跨文化交际的研究也是我国进行国际交流的需要。随着我国改革开放的不断发展，我国人民同世界各国人民的接触日趋频繁。1983年，何道宽教授发表了一篇有关跨文化交际的文章——《介绍一门新兴学科——跨文化的交际》；1985年，胡文仲教授发表了《不同文化之间的交际与外语教学》一文，但是，在当时并没有引起人们过多的关注。20世纪80年代后期，国内学者开始重视对这一课题的研究，开始逐渐把跨文化交际这一学科引进中国，一些研究成果逐渐问世。其中，主要的著作有邓炎昌、刘润清的《语言与文化》《语言与文化——英汉语言与文化比较》，胡文仲的《跨文化交际与英语学习》《文化与交际》《英美文化辞典》，段连城的《对外传播学初探》《美国人与中国人——中美文化的融合与撞击》，连淑能的《英汉对比研究》，关世杰的《跨文化交际学》，林大津的《跨文化交际研究》，贾玉新的《跨文化交际学》。这些著作的问世对中外语言和文化的对比研究作出了重要探索，并具有指导性意义。特别是最近十几年来，有关跨文化交际学的著作大量出版，有关跨文化交际学的文章更如雨后春笋。

对跨文化交际学科的研究将有助于我们对世界各国文化的了解，有助于各国人民之间达到真正的沟通。对跨文化交际能力的掌握，可帮助人们预见和解决交际中出现的问题。具备这种能力能改善人们的自我认识，促使人们对自己文化进行重新审度，从而更好地适应社会。这种个人心态也促进了这一领域的发展。

二、跨文化交际的概念界定

（一）跨文化交际与沟通能力

跨文化交际是指具有不同文化背景的人，相聚在一起，通过交流和沟通分享各自的思想、感情和信息。跨文化交际的英语名称为 Intercultural Communication，早期也称为 Cross-cultural Communication。跨文化交际学最先在美国兴起。美国是一个移民国家，来自世界不同区域的具有不同文化背景的人相聚后，不同文化的碰撞时有发生。同时，来自世界各地的移民都竭尽全力地维护自己的文化和传统，不愿意改变，从而形成了美国当代的多元文化格局和文化大熔炉的局面。在这样的情况下，跨文化交际策略和手段的研究，引起了美国学者和各界人士的广泛关注。

近年来，跨文化交际学已发展成为一门被国际学者充分重视的集人类学、语言学、心理学、传播学、社会学等为一体的综合性学科。学者除了探索跨文化交际与语言的关系外，还大力探讨跨文化交际与沟通能力二者之间的关系，力图把跨文化交流能力的培养与个人沟通能力结合起来，提升学生在个人沟通能力建立中的语言文化意识（cultural awareness）或文化敏感性（cultural sensitivity）渗透，进而将个人沟通能力发展成为一种真正意义上的跨文化交际能力（cultural communicative competence）。在国际社会大变革时期，具有不同文化背景的人们都渴望进行思想文化的交流、交融和交锋，这样才能让不同文化族群的人们在日常交往中逐步相互理解和认同。

跨文化交际中的沟通能力是指在交际过程中，交际者通过表达、争辩、倾听和设计（形象设计、动作设计、环境设计），实现自我意识和思想的转换、传达，从而被他者文化者接受的能力。跨文化沟通能力看起来是外在的东西，实际上是交际双方个人素质的重要体现，反映着一个人的知识、能力和人格魅力。跨文化交际的沟通能力，特别强调沟通双方所具备的能胜任的个人化主观和客观条件。在跨文化交际中，一个具有良好沟通能力的人可以将自己所拥有的专业知识和专业能力充分发挥，这也是决定交际是否成功的必要条件。

总之，跨文化交际活动特别强调具有不同文化背景的人的沟通能力，这有利于双方通过清晰的思维有效地收集信息，并作出逻辑的分析和判断，从而让他者文化者快速接受，完成有效的交际过程。如果没有清晰的思维和准确的逻辑判断力，那么即使再好的语言技巧，也很难实现交际环节的传达、说服和感染。跨文化交际中的沟通特别注重思维与表达，这主要是指思维的交流和语言的交流。如果只重视语言的交流，则任何人都很难摸透对方心里的真实想法，也很难实时把握对方的思维方式和思维习惯，这样就无法让跨文化交际从语言层面提升到思维层面，很难完成交际的全过程。真正意义上的跨文化沟通者更容易与别人建立并维持广泛的人际关系，更可能在人际交往中获得成功。可见，跨文化沟通者要及时了解交际对方的心理活动和思维倾向，并根据解码信息来调整沟通方式和环节。

跨文化沟通者在向对方展示自己的心理意图时，要注意使自己被人充分理解，并辅之以直观的言语、动作，使得沟通信息充分而不冗余，这是最佳的信息沟通和行之有效的交际方式。例如，聆听式沟通让人从一个专心听讲的人的角度，捕捉说话人的信息并进行信息加工，通过聆听产生沟通欲望并完成沟通过程；同时，注意不要陷入沟通辩论中。心理学家研究发现，一个人跟别人的交流过程完成以后，在留给人的印象和感觉中，只有20%与谈话的内容有关，或者说只有1/5的部分能够留在记忆中，其余80%的内容则取决于别人对这个人的总体感觉和外在印象。

（二）跨文化交际与人际关系

在跨文化交际中，人际关系需要处理好人情、人伦和人缘这三位一体的关系。换句话说，处理好这个关系意味着跨文化交际的成功。人情是媒介，促使跨文化交际的感情认同和接受，人与人之间的交往是建立在情感创设基础之上的。人情到了，隔阂没有了，感情也就变得融洽了。

跨文化交际中的人际关系是指具有不同文化背景的人与人之间的认知、互识和认同。这表明不同文化背景的人在互相交往的过程中，能够通过思想、感情、行为表现的互相交流，产生源于本能的互动关系。这有利于建立多元文化的幸福人生、和谐组织、稳定世界的格局。尤其是人和环境相互连接与驱动，环境带动人际关系向良好的方向发展，人在环境中认定自己的身份和角色，为跨文化交际搭建友好的人际关系。处理好跨文化交际的人际关系较好的方法就是交际双方彼此之间尽量传递真实的情感、态度、信念和想法，让自身的思想深度被他者认识和接纳，以诚恳的态度、谦卑的心、适度的自我表达打动和感染对方，以此寻求共同的世界观、人生观、价值观的趋同和认同，消除不同文化背景的人际障碍。

跨文化交往中的人际关系，还特别注重具有不同文化背景的人们彼此间的情感融洽和交往。相互间感情的传递使彼此接近和相互吸引，形成共鸣，即使是观点互相排斥分离，也会获得感情上的认可。相互重视和心理支持是跨文化人际关系的基础，每个人都有受人尊敬的需要，这是人际交往中的心理相容，即指具有不同文化背景的人与人之间的融洽相容关系，尤其是指人与人相处时的容纳、包涵、宽容和忍让。即使有时候存在观点的分歧，也会不遗余力地寻找共同的意趣，营造谦虚和包容的良好氛围，做到心胸开阔、宽以待人、不计前嫌、宽宏大量。

信用也是跨文化交际中人际交往的基本准则，指的是待人诚实、不欺骗、遵守诺言、以诚相待和不卑不亢，在自信中表现谦逊和不矫饰做作、不故弄玄虚。自信心可以让人快速获得别人的信赖，同时，容易使别人乐于与之交往。

（三）跨文化交际的表现形态

跨文化交际可表现为跨文化的语言行为（verbal behavior）交际和非语言行为（non-verbal behavior）交际两种。萨丕尔认为，非语言行为交际是"一种不见诸文字，没有人知道，但大家都理解的精心设计的代码"[1]。这表明，非语言跨文化交际行为无须用语言表达，是在无语言观照之下进行的交际行为，通过交际双方的感知进行，类似心有灵犀一点通。非语言交际行为不仅注重语言内部结构本身的交际价值所在，还更多地转向了语言所生存的社会背景和语言之外的外部系统。跨文化交际的语言行为和非语言行为两大交际系统，也是相辅相成的关系，二者相互弥补、相互贯通，互相映衬、相得益彰，组成了比较完整和丰富的跨文化交际系统。在跨文化交际过程中，交际双方有时通过语言行为，有时通过非语言行为，互相沟通并打开心扉，更多的时候是交替使用两种跨文化交际手段传递各种有效信息，进而表达丰富且细腻的思想感情。

1. 语言行为交际

语言是一门艺术，语言行为交际是利用语言完成的交际行为，也就是利用所说的话或写出的文字来达到交际的效果。语言行为交际的实质是交际主体根据对自己角色和语境的定位和选择去组织有效的话语，以实现自己交际的全过程。利用话语因素，如语音和话语节奏来达到言语交际的最佳效果；充分利用语言的抑扬顿挫、轻重缓急来进行双方思想感情的沟通。如果语言表达得单调呆板，就很难吸引听者的注意力或激发听者的兴趣。个体要想成为真正的跨文化交际高手，就要成为善于运用语言技巧的艺术家。语言交际本身是一个说与听的互动过程，交际是否成功取决于是否理解对方的语义。

语言行为交际是一个依赖交际主体语言行为的双向互动过程，包括说话者的话语选择和听话者对话语的理解。语言行为交际话语选择和理解是一个动态的过程，会通过语言行为来表达人的内心想法。交际时，说话者要注意用词上的简短

---

[1] 爱德华·萨丕尔. 语言论 [M]. 陆卓元，译. 北京：商务印书馆，1985.

性。此外，在语言行为交际的过程中，还应当根据不同交际对象的具体特征进行交流。例如，在学校里，我们都说普通话，周围的同学来自五湖四海，每个人都有自己的方言，如果都用方言交谈就难免会出现误解语义甚至无法沟通的问题。但是，当我们回到家乡，周围都是说方言的亲人，用普通话则会让交谈双方感到疏远，甚至会让对方觉得自己是在显摆或炫耀自己的身份或学识，从而使交谈很难进行。

语言行为交际还要注意文化习俗的附加功能。文化习俗是指在一个社会群体中世代传承、相沿成习的生活习俗。文化习俗对语言行为交际的影响很大，对语言行为交际起着极大的制约作用。

2. 非语言行为交际

随着人们对语言和人类社会关系实质性探讨的深入，跨文化非语言行为交际迅速发展，出现了跨文化副语言学（Cross-Culture paralinguistic）、跨文化身势学（Cross-Culture Kinesics）、跨文化近体学（Cross-Culture Proxemics）等新兴学科。这表明跨文化的非语言行为交际可以作为非语言信息情感交流的有效载体，使其在跨文化开放系统（如目光、手势等）的启发当中，展示跨文化沟通的不同意义和感情色彩。

非语言行为交际注重个人感情的表露和展示，不同的表情和动作在不同的文化背景中可以表达多种意思。例如，在汉语和英语文化中，点头表示赞同、首肯，而在印度、希腊等地，意思则恰好相反。跨文化的非语言交际行为具有民族性和地域性特征，没有一种身体动作或姿势具有普遍代表性。也就是说，不存在所有社会中具有同一意义的面部表情、姿态或身体姿势。

非语言交际不仅注重语言结构（如语音、语法和词汇）的运用效果，还注重社会文化、生活习俗知识等在交际中的运用。跨文化交际中的非语言行为能力和语言行为能力之间存在着极为显著的差异，非语言交际主要表现在社会心理学中是指人使用语言、文字以外的媒介传达信息，来表现人的思想或者意旨，如脸部表情、肢体语言或音调等。交际者在潜意识中把一个人的语言或文字，通过外显特征表现出来，让对方会意或理解，也通过对方的情绪、态度、个人特质，理解对方内心真正的意图。非语言交际通常是在无意识的状态中加以接受，在不知不觉中传达信息，一个眼神、一个表情和一个动作都有可能获得交际的成功。可见，"眼神"和"肢体动作"是人们常用的非语言沟通方式。在跨文化交际传递信息时，双方眼神的接触就可以传递和透露出这个人的内在思想情绪。肢体动作有时也会传递出人的各种情绪、性格特质和态度。内向的人和外向的人在肢体动作上的差异尤其明显，外向的人动作较大，音调和语气也会比较洪亮。

第二章　高校英语教学基础

教育是对精神文明的传承与发扬，是人类文明得以继续发展的重要前提，其质量在很大程度上决定了未来文化的发展方向。高等教育作为教育事业的主力军，担负着重要的责任。对于与语言关系密切的跨文化交际来说，高校英语教学工作至关重要。

第一节　高校英语教学理论基础

在高校英语教学中，教师采用的教学手段是建立在一定的理论基础之上的。因此，高校英语教师需要掌握语言本质理论、心理学理论等相关理论。只有对这些理论有深入的了解与把握，教师才能在这些理论的基础上寻求恰当的教学方法。

一、语言本质理论

关于语言本质理论，不同的学者从不同的角度对其进行了分析和探讨，并且提出了自己的观点与见解。以下从转换生成语法理论、言语行为理论和系统功能理论三个角度出发作重点论述：

（一）转换生成语法理论

20 世纪 50 年代，乔姆斯基提出转换生成语法理论，对语言学进行了深层次的研究，尤其注重句法结构。[1] 当前，在西方语言学中，转换生成语法理论仍然具有非常大的影响力。

---

[1] 诺姆·乔姆斯基.语言与心智[M].汤大华，译.北京：中国人民大学出版社，2001.

1.转换生成语法理论概述

自诞生之日起，转换生成语法发展迅速，其发展过程大致可以划分为四个阶段。

（1）经典理论阶段

语法包括三大组成部分，即短语结构、转换结构和形态音位。

第一，短语结构，由很多"A→B+C"的改写规则构成。

第二，转换结构，即一系列的转换规则，并且，每一条规则都包含两个步骤：一是分析，二是变化。

第三，形态音位，由形态音位规则构成。形态音位规则又被称为一系列的改写规则。

在这一阶段，乔姆斯基认为，语法学有着自己的系统，不能将"有意义"等同于"合乎语法"，这两个概念有着本质区别。

（2）标准理论阶段

随着转换生成语法研究的深入，经典理论逐渐显露出缺陷：许多句子从表面上看是合格的句子，但是，在语义上并不合格，甚至解释不通。鉴于此，乔姆斯基经过慎重的考虑，将语义关系融入语法研究中。具体而言，标准理论模式如图2-1-1所示。

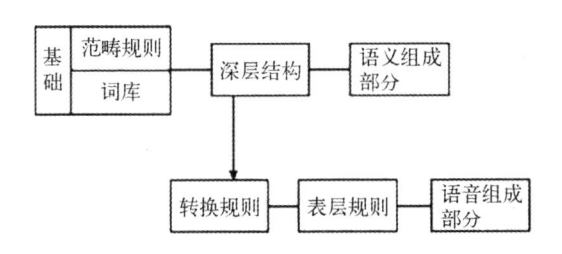

图 2-1-1　标准理论模式

乔姆斯基的标准理论模式包含三个部分，即句法部分、语音部分与语义部分。其中，句法部分包含基础与转换两个部分，基础包含范畴与词库两个部分。句法部分对句子的结构进行了规定，并将其分为表层结构与深层结构：前者输入语音部分，通过语音规则得到句子的语义表达；后者输入语义部分，通过语义规则得到句子的语义表达。转换对语义并不会产生影响，通过转换获得的表层结构与语义解释也并不存在关联性，但是，深层结构能够将所有的语义信息呈现出来。

（3）扩充式标准理论阶段

由上文可知，乔姆斯基的标准理论模式将深层结构与语义相关联，并指出表层结构与语义无关。但是，在下面的表述中，表层结构能够对语义产生影响，甚至转换也会在某种程度上改变语义。

第一，否定词顺序、逻辑量词顺序会影响语义。

第二，疑问转换会影响语义。

第三，转换会改变句子的语义。

第四，"only""even"等词在句子表层结构的位置不同，语义解释也会随之发生相应的改变。

考虑到以上问题，乔姆斯基对标准理论进行了完善，形成了"扩充式标准理论"。

（4）管辖和约束理论阶段

上述乔姆斯基的解释遭到了很多人的质疑，因此，乔姆斯基又对语法进行了深入研究，提出了"管辖和约束理论"。在这一阶段，乔姆斯基认为，语法是组合的，因此，可以对语法进行划分，具体可以从以下两大系统进行分析：

就规则系统来说，词库规则系统主要用于说明词项的特征，如语音特征、形态特征、语义特征等，同时涉及各种构词规则与冗余规则。在句法规则系统上，句法包含两个部分，即基础部分与转换部分。

就原则系统来说，乔姆斯基将其作为当前的研究重心，其包含很多理论，如"X-阶标理论"、管辖和约束理论等。[1]

2.转换生成语法对高校英语教学的意义

在转换生成语法中，转换是句子在派生过程中某一个特定阶段必须使用的手段。在使用中，深层结构属于输入手段，表层结构属于输出手段，而且，具备相同深层结构的句子关系非常密切。总体来说，转换生成语法具备化简单为复杂、化复杂为简单的双重能力，教师和学生可以借鉴这一理论，以便提升教师的"教"与学生的"学"的水平。

实际上，在高校英语教学中，语法是较难理解的，并且，往往比较抽象和枯

---

[1] 诺姆·乔姆斯基.语言与心智[M].汤大华，译.北京：中国人民大学出版社，2001.

燥。如果教师能够借鉴转换生成语法理论，化复杂为简单，那么学生就容易理解，对知识点也会掌握得更加扎实。

此外，在高校英语教学中，每个班级的水平不同，同一班级学生的水平也不一样。因此，教师需要尝试任何能够激发学生学习兴趣、化繁为简的教学方法。转换生成语法理论虽然具有高度的抽象性，但是，其深层结构与表层结构可以通过树形图来表达，进而使学生更容易理解句子成分之间的关系。

（二）言语行为理论

在早期哲学家的论述中，已经存在对言语行为的研究。随后由于语言学家的关注，言语行为理论的地位越来越凸显，并对人类的交际活动产生了巨大影响。

1. 言语行为理论概述

在语用学研究中，言语行为理论是其核心理论，尤其是奥斯丁（Austin）与塞尔（Scarle）的研究，对言语行为理论的形成与发展具有重要意义。

（1）奥斯丁的言语行为理论

作为言语行为理论的初创者，奥斯丁的贡献主要有如下两大项：

①表述句和施为句。奥斯丁认为，表述句是对有所述之言的句子加以表达，目的在于指导行动；施为句是对有所为之言的句子加以表达，目的在于行动与实施。

表述句的功能在于对某一信息进行陈述与描写。在日常使用过程中，表述句并不是随意的，具有一定的逻辑关系与语义关系。此外，表述句虽然存在真假，但是，总体上都是为了实现交际。

施为句具有如下特征：

第一，一般现在时为常用时态。

第二，第一人称单数为主语。

第三，直陈式主动语态为常用语态。

第四，当某一动词与"here""by"等副词搭配时，可以检测出该动词是否属于施为动词，以及所在句子是否属于施为句。

第五，常带有明显的施为动词，其作用是对发话人的话语行为加以描述与命名。

需要明确的是，要想恰当地运用施为句，达到理想的言语行为效果，需要满足以下几个条件：

第一，需要运用常规程序。

第二，在实施特定程序时，需要保证人物、条件等的恰当性。

第三，在实施时，交际双方必须完善与正确地执行。

第四，在实施时，发话人提出的话语需要对受话人产生影响，这样才能达到交际的目的。

②言语行为三分说。奥斯丁的言语行为三分说包括以言指事、以言行事、以言成事。[①]

（2）塞尔的言语行为理论

塞尔对奥斯丁的观点进行了继承与发扬，并加以创新。其对言语行为理论的发展具体体现在如下三点：

①言语行为的实施规则。塞尔认为，语言的运用会受一些规则的影响和制约。具体来说，主要包括两种规则：一是调解性规则，二是构成性规则。前者主要用于对旧有的言语行为与言语活动进行调节，后者主要用于对新的言语行为与言语活动加以限制。

②以言行事行为的类别。在塞尔看来，以言行事行为主要包含以下五大类：

第一，断言类，即发话人对某事进行表态，判断出话语真假，如断言（assert）、通知（inform）等。

第二，指令类，即发话人对某人发出指令，如请求（request）、命令（order）等。

第三，承诺类，即发话人对未来的行为作出承诺，如提供（offer）、承诺（commit）等。

第四，表达类，即发话人对某一话题进行陈述时表达自己的内心状态，如感谢（thank）、痛惜（deplore）等。

第五，宣告类，即发话人表达的命题内容与现实一致，如辞去（resign）、宣告（declare）等。

③间接言语行为。这是塞尔对言语行为理论作出的重要贡献。使用间接的方式表达言语行为的话语就是间接施为句，该行为就是间接言语行为。在某些情况

[①] J.L. 奥斯丁. 如何以言行事 [M]. 杨玉成，译. 北京：商务印书馆，2013.

下，当发话人不能直接选择施为动词时，他们就会采取间接言语行为手段来达到自己的交际目的。①

2. 言语行为理论对高校英语教学的意义

在奥斯丁之前的大部分实证哲学家认为，句子只能用于对某种情况、某种事实进行描述与陈述，只适用于正确或错误的价值。然而，言语行为理论明确指出，话语在现实中有着行事的能力，不仅强调发话人的主体作用，也强调听话人的反应。因此，该理论在高校英语教学中有着重要的意义。

对于教师而言，言语行为理论的核心在于以言行事或以言成事，强调的是语言应该用于具体的实践中，语言研究的重点应该在语言运用上，而不应该在语言形式或句法关系上。这一理论为高校英语教学注入了活力，给予教师一些教育方法方面的启示。因此，教师可以将言语行为理论很好地融入具体的高校英语教学中，使自己从主导者转变成组织者或参与者，从而使学生能够积极、主动地参与课堂教学活动中。同时，这一理论要求教师在授课中做到题材、体裁广泛，内容具有新颖性，并且，能够将跨文化背景知识融入其中，只有这样才能更好地让学生在知识、技能和文化素养层面有所进步。

对于高校学生而言，言语行为理论有助于他们第二语言的习得。众所周知，高校英语教学具有很强的实践性，高等教育的特点是以培养能力为中心，立足于实用与能力，因此，高校英语教学培养出的学生也必须符合社会的需要。言语行为理论恰好与之相符，以这一理论为指导，学生能够充分调动自身的主观能动性，不断参与实践，在实践中取得进步。

（三）系统功能理论

韩礼德的系统功能语法理论在高校英语教学中有着十分重要的作用，既可以帮助学生挖掘文章字里行间的意义，又可以让学生理解作者的写作意图，从而挖掘学生的语言潜力，激发其语言学习兴趣。以下简要分析系统功能理论及其对高校英语教学的意义：

1. 系统功能理论概述

系统功能理论并不是一蹴而就的，而是经过不断摸索与逐步完善的。以下通

---

①约翰·塞尔.表达与意义[M].王加为,译.北京：商务印书馆,2017.

过分析韩礼德在不同时期的学术活动来了解系统功能理论的建立与发展过程：

（1）阶与范畴语法

韩礼德的学术活动是从研究汉语开始的，博士论文《〈元朝秘史〉汉译本的语言》和专著《现代汉语语法范畴》是其代表作。20世纪60年代，韩礼德将研究重点从汉语转向了英语，其目的是建立普通语言学的描写模式，其研究成果在《语法理论范畴》一文中得到了体现。在该文中，韩礼德对语法描写的两大部分"阶"和"范畴"做了更为全面和成熟的阐述，对语言学界产生了重大影响，并且，被公认为"阶与范畴语法"的发端。

①语言层次。对于描写语言时运用语言材料的方法，现代语言学认为有两种：一种是"语篇的"，也就是从分析具体语篇入手，由特殊到一般，这也是伦敦学派倡导的方法；另一种是"非语篇的"或"举例性的"，这种方法颇受美国结构主义学派的青睐。20世纪50年代末，乔姆斯基提出转换生成语法理论。他认为，转换生成语法模式可以替代上述两种途径，因为人们不必再采用真实的语言材料，只要借助规则就可以衍生出合乎语法的句子。在韩礼德看来，这三种方法在语言描写中都有一定的作用，但三者的目的和任务各不相同。实际上，转换生成语法理论只是对前两种方法的补充，而且，描写本身并不等于理论。因此，韩礼德在美国讲学时，阐明了语言在语法层面的工作机制及语法与词汇之间的关系。

韩礼德认为，应在语言的各个层次上说明语言事实，这是因为层次不同，描写过程也有所不同。韩礼德提出了三个层次，分别是"实体""形式""语境"。其中，实体层是指"书面的"或"声音的"语言材料，形式层借助词汇和语法将实体组织成有意义的事件，语境层是形式与语言情境中非语篇特征的关系。

②范畴。韩礼德将语言分为四个范畴，即"单位""结构""类""系统"。"语言是通过这四个范畴来说明语法形式的，具有高度的抽象性。这四个范畴之间相互联系，没有先后和主次之分。"[①]

具体而言，单位范畴是用来说明语言中具有语法模式的语段，在语言活动中，某些语段表现出有意义的规律性。语段有大有小，这种大小指的是形式关系，不以数字的多少或朗读时间的长短来衡量。针对英语，韩礼德提出了"句""小

[①] 唐纳德·韩礼德. 韩礼德语言学文集[M]. 周小康, 译. 长沙：湖南教育出版社, 2006.

句""词组短语""词""词素"五个单位。此外，单位范畴的特征是呈现一定的模式。就语言活动而言，模式具有直线性和重复性特征。

在语法中，用来说明在连续情况下事件之间相似性的范畴就是结构范畴。在连续情况下，事件之间呈现组合关系，而结构就是组合关系模式的最高抽象。表面上，结构是由文字呈线性形式组成的；实际上，组成成分之间的形式关系是"顺序"而不是"序列"。

类范畴是按照上层单位的形式确定的，也就是说类范畴的识别必须结合它在上一级单位结构中的活动情况，因为它说明的是聚合关系。

系统范畴的目的是说明在一系列类似项目中为何出现这一个项目而不是另一个项目。

③阶。上述四个范畴之间的关系以及它们与材料之间的关系涉及三个具有显著区别的"阶"，分别是"级"（rank）、"说明"（exponence）和"精密度"（delicacy）。其中，级阶的含义是"包括"，相当于等级体系的概念，具体是指沿着单一的方向由高层次单位向低层次单位移动。级阶具体包含多少单位，往往因具体语言而异，理论上可以只有两个单位，说明阶能够将理论框架中高度抽象的范畴与语言资料联系起来。精密度阶是一个连续体，一端是结构和类范畴中的基本等级，另一端是对该等级不能再细分的语法关系，是从选择的最一般的系统进入最具体的系统，用于表示范畴的区别或详细程度。精密度阶可看作组织词汇与语法的一般原则，确切地说是词汇与语法中分配信息的原则。

（2）系统理论

1966年，韩礼德在《深层语法札记》中提出，语义的深层应当是可以进行语义选择的系统，也就是说深层语法应当是系统语法。在叶尔姆斯列夫的理论体系中，"系统"也指聚合的概念，是"相关关系的等级体系"。由此可见，系统是对集合轴上关系的表述，是在一定环境下可以进行对比的特征集。对系统中的功能进行解释时，我们要将系统置于整个格局中。如在一个三项时态系统中，"过去"要与"现在"和"将来"进行对比。韩礼德认为，如果按照这种方式表示聚合关系，那么语言项目中的整个语法描写就应包含结构和系统两个部分。其中，系统描写仅是语言项目的一种表达形式，只能用于补充，而不能代替结构描写。以下简要介绍韩礼德对系统理论的三次修正：

第一，对系统理论的第一次修正。按照伦敦学派的传统系统理论，特征是"无序"的，但是，韩礼德认为，采用精密度阶理论可以使特征呈现有序性。在系统描写中，如果一对系统中的一个系统的特征出现在另一个系统中，那么这两个系统就是等级的；如果两个系统呈等级次序，那么这些系统的特征就应是有序的。

第二，对系统理论的第二次修正。在上述讨论的基础上，韩礼德进一步提出了系统描写是否能成为表述的底层形式的问题，即结构描写是否能从系统描写中衍生。如果可以，那么结构就成为可预见的了。将一个语言项目的系统描写作为该项目的底层语言表达，表示这一项目与其他项目的聚合关系有更为基本的特征，从中可以衍生出其内部（组合）结构。这样的底层语法就是以系统特征表示的"语义上显著"的语法，可以为诸语言项目的"相关性"提供一个聚合环境，并且，在其他对比环境中发生作用。这样一来，系统的起始点就不再是结构，而是系统特征集合体的体现。

第三，对系统理论的第三次修正。韩礼德认为，音系层也能体现语法特征，因此，在研究深层语法或系统语法时，还应考虑音系层这一因素，尤其是语调和韵律。在组合表达中，这种特征被看作组合体上的结构成分。在不同的环境中，同一特征会有不同的体现。如同一特征在有些环境中由结构形式体现，在另外一些环境中则由语调体现。由此可以类推，某一语调形式在不同的环境中可以体现不同的特征。这说明语调在结构环境中是不能预示的，但是，如果将语调作为系统特征的一个体现形式，那么语调在系统语法中就是可以预示的了。

（3）功能描写理论

韩礼德在研究系统理论框架的同时，着手探索功能描写的理论，以下对功能描写理论进行简要论述：

①系统与功能。韩礼德研究功能描写理论的主要目的是探索系统网络中应包含哪些系统，以及各个系统的起始点是什么。韩礼德最初是通过系统语法来说明语言的组合关系与聚合关系的，因此，功能描写理论中要说明的是语法单位，尤其是对小句的功能描写。韩礼德认为，从完整的小句出发应同时包括及物性系统、语气系统和主位系统三个系统，其中，及物性系统与小句中表示的过程类型有关，过程涉及参与者、属性和环境。

②功能与用途。韩礼德最初的功能描写理论存在明显的不足之处，如及物性系统、语气系统和主位系统都是功能的概念，但是，在系统网络中的起始点是小句，这才是语法上的结构单位。因此，韩礼德在1970年发表的《语言结构与语言功能》一文中，从语言的本质角度进一步阐释了语言结构和语法功能的关系。韩礼德指出，语言的本质与人们对它的要求以及它反映的功能有关，包括概念功能、人际功能和语篇功能。这三项功能都属于元功能，是构成语义层的主要部分。至此，韩礼德将功能描写理论与语义学联系在了一起，是功能描写理论的重大突破。①

2. 系统功能理论对高校英语教学的意义

在高校英语教学中，教师往往会根据社会和学生的需要不断探索新的教学模式与方法，各种教学模式与方法在教学实践中也发挥了作用。但是，不得不说，每一种教学模式或方法都存在不足之处，仍需完善。

以韩礼德为代表的系统功能理论不仅讨论了语言在社会生活中的各个外部功能，还着眼于语言的内部结构，并将社会因素考虑在内，这体现了语言的本质。将系统功能理论的三大功能运用于高校英语教学中，有助于调动学生的兴趣和积极性，使学生从"要我学"转向"我要学"，从而不断提升学生的听、说、读、写、译能力，使其更适应社会的需要。

二、心理学理论

下面从行为主义心理学、人本主义心理学、认知心理学三个角度出发，介绍心理学理论。

（一）行为主义心理学

行为主义学习理论最初来源于生理学家、心理学家伊万·巴甫洛夫（Ivan Pavlov）的"条件反射"概念。20世纪初，美国心理学家约翰·布鲁德斯·华生（John Broadus Watson）创立了行为主义学习理论；之后，美国学者斯金纳（Skinner）对华生的行为主义学习理论进行了继承和发展。以下主要介绍此二人的观点理论：

---

①唐纳德·韩礼德. 韩礼德语言学文集[M]. 周小康, 译. 长沙：湖南教育出版社, 2006.

1. 华生经典行为主义理论

华生把有机体应对环境的一切活动称为"行为",行为的基本成分是反应。反应分为习得的反应和非习得的反应,前者包括个体的一切复杂习惯和条件反射,后者则是指个体在条件反射和习惯方式形成之前的婴儿期做的一切反应。华生将引发有机体反应的外部和内部的变化称为"刺激",而刺激必然属于物理的或化学的变化。任何复杂的环境变化最终总是通过物理变化或化学变化转化为刺激,进而作用于人的身上。换句话说,刺激和反应都属于物理变化或化学变化,由此便形成"刺激—反应"(stimulus-response,简称"S-R")公式,通过刺激可以预测反应,通过反应又可以推测刺激。

华生认为,学习就是以一种刺激替代另一种刺激建立条件反射的过程。在他看来,人类出生时只有几个反射和情绪反应,所有其他行为都是通过条件反射建立新的"刺激—反应"连接而形成的。华生主张心理学应该摒弃意识、意象等太多主观的东西,只研究观察到的并能被客观测量的刺激和反应,而无须理会中间环节。他认为人类的行为都是后天习得的,环境决定了一个人的行为模式,无论是正常的行为还是病态的行为,都是经过学习而获得的,因此,这些行为也可以通过学习来更改、增加或消除。他提出,查明了环境刺激与行为反应之间的规律性关系,就能根据刺激预知反应,或根据反应推断刺激,从而达到预测并控制动物和人的行为的目的。华生还认为,行为是有机体用以适应环境刺激的各种躯体反应的组合,有的表现在外表,有的隐藏在内部。在华生看来,人和动物没什么差异,都遵循同样的规律。[①]

2. 斯金纳新行为主义理论

斯金纳于1957年出版了《言语行为》一书,从行为主义角度对言语行为系统进行了分析。斯金纳认为,人们的言语以及言语中的各个部分都是在受到内部或外部刺激的情况下产生的。具体来说,斯金纳提出了"操作性条件反射"的观点,这一观点强调语言学习是一个不间断的操作过程,即发出动作,然后得到一个结果或一个目的,这一动作就称为"操作"。如果这一动作的结果是满意的,操作者就会重复"操作",这时"操作"便得到了"强化",称为"正向强化"。

斯金纳认为,在某一语言环境中,他人的声音、手势、表情、动作等都可以

[①] 约翰·布鲁德斯·华生. 行为主义[M]. 李维,译. 北京:北京大学出版社,2012.

成为强化的手段。例如，教师可以通过表扬、肯定、满意的表示，使学生的某种言语行为得到强化。只有言语行为不断得到强化，学生才能逐渐养成语言习惯，学会使用与其语言社区相适应的语言形式；如果没有得到强化，语言习惯就很难形成，也就不能学习到语言。可以说，在学习时，只有反应"重复"出现，学习才能发生。因此，"重复"在学习中的作用是不容忽视的。[①]

通过上述介绍可以看出，行为主义学习理论的形成主要基于以下六个观点：

第一，语言是一种习惯，是人类所有行为的基本部分，是在外界条件的作用下逐步形成的。

第二，在语言习得和语言学习过程中，外部影响是内在行为变化的主要因素。因此，语言行为和习惯是受外部刺激的影响而发生变化的，而不是受内在行为的影响。

第三，儿童学习语言的过程是按照操作制约的过程进行的，即"发出动作—获得结果—得到强化"。这也是儿童习得语言的基本客观规律。

第四，学习是刺激与反应的连接，也就是说，有怎样的刺激，就会有怎样的反应。

第五，学习过程是一种"渐进的尝试—错误的反复循环—最后成功"的过程。因此，学生学习的步子要小，认识事物要由部分到整体。

第六，强化是学习成功的关键。语言行为需要正向强化才能形成并得到巩固。正向强化主要是指学习上的成就感及他人的赞许和鼓励，这是促使学生形成语言习惯重要的外部影响因素。

在英语教学的初级阶段，反复操练被看作语言学习的一个重要且有效的手段，并得到了广泛的应用。

（二）人本主义心理学

人本主义学习理论是20世纪五六十年代在美国兴起的一种心理学思潮，被称为"心理学的第三势力"。人本主义心理学并不是形成于对学习和学习过程的研究，而是从临床心理学家、社会工作者、心理咨询工作者等一些对人类行为的基本原理和基本假设持有相似观点的心理学家的应用研究中产生的。人本主义心

[①] 乐国安. 从行为研究到社会改造——斯金纳的新行为主义[M]. 武汉：湖北教育出版社，1999.

理学的主要发起者是美国社会心理学家和比较心理学家马斯洛（Maslow），近年来影响较大的代表人物是美国心理学家罗杰斯（Rogers）。他们认为，教育能够为学生提供一个心理环境，这个环境充满人情味，学生能够在这个环境中得到辅导，并将其固有潜能充分地发挥出来。[①] 以下介绍包含马斯洛和罗杰斯的学习动机论、学习类型论和学习实质论：

1. 学习动机论

人本主义心理学的动机论是以马斯洛的"需求层次论"为基础的。马斯洛从人的自我实现需求出发，将人的需求从低级到高级分为五个等级：生理需求、安全需求、社交需求、尊重需求、自我实现需求。其中，自我实现需求指的是人类把自身的潜在东西变成现实的东西的基本倾向，是最高层次的需求。自我实现是对天赋、能力、潜力等的充分的开拓和利用。马斯洛认为，人具有"自我实现"的动机，有"自我实现"需求的人总是致力于他们认为重要的学习和工作。

以马斯洛的需求层次理论为基础，罗杰斯提出了"自我实现"的三个阶段。

第一，"映射"阶段。在这一阶段，人的自我发展是由外界要求的"映射"产生的。

第二，混乱阶段。当学生有一定的自我意识时，教师对学生的要求往往与学生自己的观点产生矛盾，结果造成学生无所适从，处于混乱阶段。

第三，自我实现阶段。当学生的自我意识占据主导地位并认识到自己的价值和能力时，学生便能独立地、创造性地作出判断和决定，从而实现自己的愿望。

此外，马斯洛还针对如何使学生具备"自我实现"的学习动机的问题提出了许多策略性的建议，主要包括以下三点：

第一，避开过去。学生在学习时，应将全部身心投入学习中，并排除先前事件的影响。特别是对于基础较差的学生来说，如果他们总是持有"我以前学得不好"的观念，那么他们就会停滞不前，不能取得进步。

第二，保持积极接受的态度。积极接受的态度是指学生在学习时，既要全神贯注、独立思考，又要虚心接受别人的意见。马斯洛指出，当个体以非干扰和安全接纳的方式与他人相处时，个体就能感受到更多东西。因此，学生之间的互帮互学十分重要。

---

① 马斯洛. 人的潜能和价值 [M]. 林方, 译. 北京: 华夏出版社, 1987.

第三，防止两种心理障碍。一是"低俗化"，即自以为看透所有世俗，不相信神圣的、美好的东西。二是"约拿情结"，即畏惧美好和神圣事物的心理障碍。[①]

2. 学习类型论

罗杰斯将学习分为两类，即无意义学习和有意义学习。

（1）无意义学习

罗杰斯认为，无意义学习只涉及心智，不涉及人的感情或个人意义，与完整的人无关。无意义学习类似于无意义音节的学习，学生要记住这些无意义音节是一项比较困难的任务，因为它们是枯燥乏味、无关紧要、很快就会被忘记的东西。在罗杰斯看来，学生在课堂上学习的内容，有许多内容对学生来说都具有这种无意义的性质。几乎每个学生都会发现，他们的课程有很大一部分内容对自己是无意义的。

（2）有意义学习

有意义学习不仅是一种增长知识的学习，还是一种与每个人各部分经验都融合在一起的学习，也是一种使个体的行为、态度、个性以及行动方针的选择发生重大变化的学习。

罗杰斯认为，有意义学习能将逻辑与直觉、理智与情感、概念与经验、观念与意义等结合在一起。罗杰斯还提出，有意义学习包括如下四个要素：

第一，学习具有个人参与的性质，即整个人的认知和情感都投入到学习活动之中。

第二，学习是自我发起的，学生基于内在的愿望主动去探索、发现和了解事件的意义。

第三，学习是渗透性的，能够使学生的行为、态度乃至个性发生变化。

第四，学习是由学生自我评价的，学生自己评价自己的学习需求、学习目标是否完成等，因为只有学生最清楚某种学习是否满足自己的需要、是否有助于获取自己想要知道的东西、是否有助于明了自己原来不甚清楚的某些方面。[②]

[①] 卡尔·罗杰斯. 个人形成论 [M]. 杨广学，译. 北京：中国人民大学出版社，2004.
[②] 同①.

3. 学习实质论

人本主义心理学指出，学习的实质是形成与获得经验，学习的过程就是经验的形成与获得的过程。在人本主义心理学的基础上，人本主义学习理论从以下四个方面来解释学习的实质：

（1）学习即形成

人本主义学习理论重视学习方法的学习和掌握，强调在学习过程中获得知识和经验。在实际学习过程中，很多有意义的知识或经验不是从现成的知识中学到的，而是在学习过程中获得的。学生通过参加学习活动，进行自我发现、自我评价和自我创造，从而获得有价值、有意义的经验，获得如何进行学习的方法和经验。因此，最有用的学习是学会如何进行学习。

（2）学习即理解

人本主义学习理论指出，个人的学习不是机械的刺激和反应之间的连接的总和，而是一个心理过程，是个人对知觉的解释。例如，具有不同经验的两个人在知觉同一事物时，往往会出现不一致的反应，这是因为两个人对知觉的解释不同，他们认识的世界以及对这个世界的反应也不同，并非所谓的连接的不同所致。因此，要了解一个学生的学习过程，关键是要了解学生对外界情境或刺激的解释，而不是只了解外界情境或外界刺激。

（3）学习即潜能的发挥

人本主义心理学家认为，人类具有学习的自然倾向或内在潜能，人类的学习是一种自发的、有目的的、有选择的学习过程。人本主义学习理论将学生看作一个有目的、能够选择和塑造自己行为，并从中得到满足的人。因此，教学的任务就是创设一种能够有效激发学生学习潜能的情境，以使学生的潜能得到充分发挥。教学要以学生为中心，教师的任务是帮助学生增强对自我和变化的环境的理解。同时，学习过程应该是一个愉快的过程。在教学中，教师不应将强迫、惩罚，以及种种要求或约束作为促进学生学习的方法。

（4）学习是对学生有价值的学习

学习的内容应该是对学生有价值、有意义的知识或经验。只有当学生真正地了解所学内容的用处时，才能成为有价值的学习。通常来说，学生感兴趣并认为是有用处、有价值的经验或技能比较容易学习和保持，而那些学生认为是价值小且效用不大的经验或技能通常学习起来很困难，也容易遗忘。因此，教师要尊重学生的兴趣和爱好，尊重学生自我实现的需要，在课程内容的设置上给学生以充分的自由，允许学生根据自己的兴趣和爱好以及自我需要来选择相关的学习内容。

（三）认知心理学

认知学习理论是通过研究人的认知过程来探索学习规律的学习理论。认知学习理论倡导者认为，学习就是面对当前的问题情境，在内心经过积极的组织，从而形成和发展认知结构的过程。同时，他们认为"刺激—反应"之间的联系是以意识为中介的，强调认知过程的重要性。认知学习理论的代表人物有很多，瑞士心理学家让·皮亚杰（Jean Piaget）是其中较具代表性的一位。

皮亚杰创立了日内瓦学派和信息加工心理学，即运用信息加工的观点来研究人的认知活动。皮亚杰认为，无论一个人的知识多么高深、复杂，都可以追溯到他的童年，甚至是胚胎时期。皮亚杰的理论试图以认知的社会、历史根源，以及认知依据的概念和"运算"的心理起源为依据来解释认知，尤其是科学认知。在皮亚杰看来，人出生以后如何形成认知、发展思维，受哪些因素制约，各种不同水平的智力和思维结构是如何先后出现的，都值得研究。此外，在影响人的心理发展的因素方面，皮亚杰认为成熟、练习和经验、社会性经验、平衡化是其中的基本因素。[1]

第二节　高校英语教学的构成

一、教师

教师是高校英语教学的重要因素，在高校英语教学中起着主导作用。在高校英语课堂上，教师主要充当两个角色，即掌控者和引导者。

一名合格的高校英语教师还应具有一定的应变能力，以便预测课堂活动中出现的状况，很好地处理课堂上的突发事件，确保课堂活动的有序开展。

---

[1]让·皮亚杰.教育科学与儿童心理学[M].傅统先，译.北京：文化教育出版社，1981.

教师要注意随时调整自己的提问方式、语言运用、提供反馈的方式。在高校英语课堂中，提问是教师常用的一种教学手段。提问可以有效激发学生的学习兴趣，促使学生积极思考，并帮助教师建立某些知识结构。语言运用的方式在教学中也很重要。为了让学生对讲述的知识有一个充分的了解，教师在教学中可以采用重复话语、降低语速、增加停顿、改变发音和措辞、简化语法规则、调整语篇等措施。此外，学生是高校英语教学的重要反馈者；同样，教师的反馈也十分重要。提供反馈就是指教师为学生的学习情况提供反馈。教师的反馈可以针对学生话语的回答形式进行，如表示学生回答正确或错误、扩展学生的答案、重复学生所答、总结学生的回答、鼓励或批评学生等。

总的来说，教师的任务就是采用不同形式的教学方法，调动学生的学习积极性，扩展学生的知识面，培养学生的学习能力，进而提高整体的教学效果。

二、学生

学生是英语课堂教学的主体和中心。每个学生都是独特的个体，他们之间往往存在着各种差异。这些差异主要体现在语言潜能、认知风格、情感因素等方面，使得学生理解和掌握新知识的速度和程度不尽相同。

（一）语言潜能差异

语言潜能是学习英语必需的认知素质，是学习英语的能力倾向，也是一种固定的天资。语言潜能与学生的外语学习能力有着密切的关系。外语学习能力应包括以下几种：

第一，语音编码、解码能力，即关于输入处理的能力。

第二，归纳性语言学习能力，即有关语言材料的组织和操作能力。

第三，语法敏感性，即从语言材料中推断语言规则的能力。

第四，联想记忆能力，即关于新材料的吸收和同化能力。

不同学生的语言潜能存在差异，因此，在高校英语教学过程中，教师应在了解学生语言潜能的基础上因材施教，使学生发挥自己的长处，弥补自己的不足。

（二）认知风格差异

认知风格是指人在信息加工过程中表现出来的认知组织和认知功能方面的持

久一贯的风格，既包括个体知觉、记忆、思维等认知过程方面的差异，又包括个体态度、动机等人格形成，以及认知功能与认知能力方面的差异。不同的学习个体有不同的认知风格，且不同的认知风格各有优劣，但是，这并不意味着学生的学习成绩有差别。具体而言，当学生找到自己喜欢的信息处理方法时，他们可能会有不同的优势，当学生的认知风格与教师的教学风格以及学习环境中的其他因素相一致时，他们的学习成绩可能会更好。因此，高校英语教师应理解和尊重学生的不同认知风格，根据不同的学习任务和学习环境对学生进行适当的引导，使教学特点与学生的需要有机地联系起来，从而取得良好的教学效果。

（三）情感因素差异

学生在情感因素方面的差异主要涉及以下三个方面：

1. 学习动机

学习动机是指激励个体开展学习活动、维持已经开展的学习活动，使个体行为朝着一定的学习目标前进的一种内部过程或内部心理状态。它是促进高校学生英语学习的直接内在动力，也是影响高校学生英语学习成绩的关键因素。学习动机来自学习活动，是学习活动得以开展、维持和完成的重要条件，同时学习动机还能够影响学生的学习效果。

2. 性格

性格是指一个人对现实的态度和行为方式表现得比较稳定但又可变的心理特征，是高校学生的重要情感因素，也是决定高校学生英语学习成功与否的关键因素。

人的性格可分为外向型和内向型。外向型学生在交际学习方面具有优势，因为他们喜欢交际，不怕犯错，可以积极参与英语学习活动，在活动中寻求更多的学习机会；内向型学生在发展认知学术语言技能方面有优势，因为他们可以利用自己冷静的性格来阅读和写作。

对于教师来说，研究学生性格差异的最终目的是充分了解学生的个体差异和不同的心理状态，发挥不同性格学生的优势，因材施教，从而获得更理想的教学效果。

3. 态度

态度是指个体对待他人或事物稳定的心理倾向或为达到某种目的而作出的一定努力，是影响英语学习的重要因素。态度主要包括三个方面：情感，即对某一个目标的好恶程度；认知，即对某一个目标的信念；意动，即对某一个目标的行动意向以及实际行动。

一般来说，对外国文化有良好感受的学生，渴望了解外国人的生活方式，渴望了解外国人的历史、文化和社会习俗，进而会对外国人的文化和语言持有积极的态度，从而获得良好的学习效果。如果学生对外国文化抱有一种轻视、厌恶甚至敌视的态度，就很难认真地理解这种文化，更无法学好这种语言。此外，学生对学习材料、教学活动和教师的态度也会影响他们的英语学习效果。

总而言之，分析学生的个体差异有利于教师制订不同的教学计划，选择合适的教材和方法，具有重要的现实意义。

三、教学内容

教学内容是连接学生和教师的桥梁，也是教学实践不可或缺的一个重要因素。具体而言，教学内容是指在教学活动中为实现教学目标，师生共同作用的知识、技巧、技能、思想、观点、概念、事实、问题、行为习惯等的总和。教学内容是一种特殊的知识系统，既不同于语言知识本身，又不同于日常经历，既要考虑英语学科本身的知识体系，又要考虑学生的年龄特点和实际需求。

一般来说，高校英语教学的内容包括以下几个方面：

（一）英语知识

英语知识是英语综合能力的重要组成部分，也是英语学习和英语应用的重要组成部分。学生如果没有扎实的英语知识，就很难有较强的英语表达能力。

（二）英语技能

听、说、读、写是学习和使用英语必备的四种基本技能，也是学生培养综合英语能力的重要基础和手段。其中，听是区分和理解词语的能力，说是通过口语表达思想和输出信息的能力，读是识别和理解书面英语的能力，写是用书面英语表达思想和输出信息的能力。通过大量听、说、读、写的专项综合性英语实践活动，学生能够形成综合英语应用能力，从而为真正的英语交际奠定基础。

（三）情感态度

情感态度是指影响学生学习过程和学习效果的兴趣、动机、自信、意志、合作精神等相关因素，以及在学习过程中逐渐形成的国际意识和国际视野。在高校英语教学中，教师要不断激发和增强学生的学习兴趣，引导学生逐步将学习兴趣转化为稳定的学习动机，并树立自信，培养学生克服困难的坚强意志，乐于与人合作、和谐健康的品格。

（四）文化意识

在高校英语教学中，文化是指英语国家的历史、地理、地方习俗、传统习俗、生活方式、文学艺术、行为规范、价值观等。对于学生来说，接触和了解英语国家的文化，有利于了解和使用英语，并加深对中华文化的了解和理解，提高人文素质，培养世界意识。对此，教师应在教学中主动向学生渗透文化意识，并根据学生的年龄特点和认知能力，传授相关文化知识，培养其文化意识和世界意识。

（五）学习策略

学习策略是指学生为了有效地学习和发展而采取的各种行动和措施。英语学习策略包括认知策略、调节策略、交际策略、资源策略等。培养学生的学习策略有助于学生有效地学习英语，并为其终身学习奠定基础。运用有效的英语学习策略不仅可以改进英语学习的方式，提高学习效果，还可以使学生学会如何学习，从而培养学生自主学习、终身学习的能力。因此，教师应帮助学生有意识地制定自己的学习策略，反思自己的学习过程和结果，同时引导学生观察他人的学习策略，并培养学生根据自身的学习风格不断调整学习策略的能力。

此外，教材是教学内容的重要载体，是教师开展教学的材料，也是学生开展学习活动的材料。简单地说，教材是为教师的"教"和学生的"学"而服务的，是课堂不可缺少的要素。如果教师一味地以完成教学任务为目的，而忽略学生的反应，按部就班地使用教材，就很难起到促进学习的作用。因此，在高校英语教学过程中，教师应灵活处理不同的教材，在课上或课下询问学生的感受，以便及时调整教学的方法和进度。

四、教学环境

任何教学活动都是在一定的教学环境中进行的，教学环境是教学活动的基本要素，是开展教学活动的基础条件。同样，高校英语教学也必须在现实的英语教学环境中进行。

（一）教学环境的构成要素

高校英语教学环境是指高校英语教学赖以进行的实际条件，即能稳定教学结构、制约教学运作、促进个体发展的教育条件和环境因素。其中，环境因素是制约和影响高校英语教学活动和效果的外部条件。

具体而言，高校英语教学环境主要由以下三个要素构成：

1. 学校环境

学校是为学生提供学习场所的最佳环境，对高校英语教学的影响十分重要和直接，决定着绝大多数学生英语学习的成败。具体而言，学校环境主要包括课堂教学、接触英语的频率、教学设施、教学资料、英语课外活动、英语教师及其他教职工对英语的态度及其英语水平、校风班风和师生人际关系等方面。

2. 社会环境

社会环境是影响和制约高校英语教学活动的重要因素，主要包括社会制度、国家教育方针、英语教育政策、经济发展状况、科学技术水平、人文精神、社会群体对英语学习的态度以及社会对英语的需求程度等。社会环境因素是英语教学向前发展的动力，对高校英语教学具有重要的导向作用。

3. 个人环境

个人环境主要包括学生的家庭成员、同学、朋友的社会地位及其对英语学习的态度和学习方式，同学之间的关系及感情，学生的经济状况，拥有的英语学习设备和用具等。个人环境也会对学生的英语学习产生一定程度的影响。

（二）教学环境对高校英语教学的意义

成功的英语学习活动离不开其存在、发展、交流、应用所依托的环境。教学环境潜在地影响着教学活动的效果，是学生学习活动赖以进行的基础。具体而言，教学环境对高校英语教学的意义主要表现在以下几个方面：

第一，促进教师在教学中更加努力地营造良好的英语课堂教学环境，充分利用现代化的教学手段与教学资源，优化教学环境，提高学生对英语的运用能力。

第二，帮助教师正确认识环境对学生英语学习的影响，并结合英语教学实际，理性地分析、判断和选择外国的英语教学理论和教学方法。

第三，帮助教师有效地加工英语输入材料，科学地设计英语练习活动，创设良好的英语课堂环境。

第四，有利于教师不断学习和实践优化课堂教学环境的策略，创设良好的英语教学环境，提高自身的教学素质。

五、教学方法

在高校英语教学史上，有多种教学方法都曾发挥过重要作用，有效地促进了高校英语教学的发展。例如，翻译法、直接法、自觉对比法、听说法、视听法、认知法、功能法，以及由此派生出来的口语法、全身反应法、自然法、沉默法、暗示法、交际法等。但是，实践已经证明，没有哪一种教学方法是最好的、最有效的，也没有哪一种教学方法适用于所有时期、所有地区、所有教学内容。不同的教学方法对不同的英语知识、英语技能各有侧重。如果教师在高校英语教学中采用一成不变的教学方法，就可能会使学生感到厌烦。因此，教师只有综合、灵活地运用各种教学方法，才能有效地促进学生英语水平的提高，促进学生英语能力的全面发展。

在高校英语教学中，教师无论使用什么样的教学方法，都必须以学生的英语交际为教学的出发点，将教学与日常实际生活结合起来，鼓励学生有创造性地、有目的地运用已学英语知识，在新的生活场景中重新组织语句，表达自己的感情。同时，教师应对处于不同阶段的学生采取不同的教学方法，并力求使教学过程交际化，以提高学生的英语运用能力。

第三节　高校英语教学的原则

一、高校英语任务型教学法的基本原则

任务型教学法是指将任务置于教学法的中心，视学习过程为一系列直接与课程目标联系并为课程目标而服务的任务。也就是说，任务型教学法是一种将任务作为核心单位来计划、组织语言教学的途径。

任务型教学法的倡导者认为，掌握一门语言的最好方法是让学生做一些事情，即完成各种任务。当学生积极地参与到目的语的实践中时，他们就能够注重语言的意义，并尝试用自己的语言结构和词汇表达意义、交流信息，从而掌握目的语。任务型教学法要求教师为学生提供尽可能丰富的内容，使学生在交际过程中明确自己的学习目标，合理分配注意力，从而实现语言的持续均衡发展。

任务型教学法分为三个阶段，即任务前阶段、任务环阶段和语言焦点阶段。其中，任务前阶段包括介绍话题和任务。在这一阶段，教师和学生一起探讨话题，着重介绍有用的词汇和短语，帮助学生理解任务指令和准备任务。任务环阶段包括任务、计划和报告。在这一阶段，学生以小组活动的形式完成任务，教师不直接指导。语言焦点阶段包括分析和操练。在这一阶段，教师着重分析课文中出现的语言特点和难点，以便帮助学生探索语言系统知识、观察语言特征，并将它们系统化，从而清晰、明了地掌握语言规则。

具体而言，任务型教学法应遵循以下几项原则：

（一）真实性原则

真实性原则不仅强调任务活动中的情境安排要尽量贴近生活，真实地再现现实生活中的场景，还要求教学材料与特定交际情境相符。如果没有真实的情境，语言就失去了交际价值，学生所学的语言知识就会"死亡"，进而很难转移到具体的情境中去。此外，语言是文化的载体，语言教学不仅是语言知识的传递，还是民族思维方式、风俗习惯、文化价值观等内容的传递。因此，真实的教学材料可以让学生直接面对目的语，感受其文化内涵，帮助学生尝试用目的语在真实的

情境中交流信息、表达思想。在这个意义上，语言学习不仅是语法或词汇知识的积累和展示的过程，还是理解和感受一个国家和民族思维文化的过程。

（二）互动性原则

在生活中，人们的交谈方式通常是双向或多向的，如对话、讨论等。由此可见，互动性是交流的核心，互动交流也是使学生学会交际的有效途径。互动促使学生主动进行意义协商和话语输出，这就促使学生既关注语言的输入又关注语言的输出，并在此过程中主动进行信息的交流和目的语知识的建构。此外，在互动过程中，学生必须互相合作才能完成任务。具体而言，教师可以采取小组讨论、对话、辩论、问答等互动形式，来增加学生学习英语的乐趣，增强其学习信心。

（三）过程性原则

任务型教学法要求将学生作为课堂的主体，注重学生学习知识的过程，强调"在做中学"。这就决定了任务型教学要以任务、活动组织进行教学，创设贴近真实生活的语言情境，让学生通过与他人的交流协商，在用英语解决问题的过程中体验英语的使用规则，归纳英语知识。

此外，任务型教学法强调不仅要对任务完成的结果进行评价，还要对学生在执行任务过程中的综合表现进行评价，不仅重视英语的学习，还注重培养学生的综合素质。

（四）趣味性原则

"兴趣"能激起学生无限的潜力。任务型教学法强调任务的设计要富有趣味性，以调动学生的学习兴趣，让他们在快乐中学习。这就要求教师根据学生的年龄、英语水平和特点，设计不同的、能激起学生参与兴趣的活动方案，同时保证活动的形式多种多样，内容丰富多彩。此外，教师设计的教学活动不能太过简单，以免学生轻而易举地就完成，达不到锻炼的目的，也不能太过复杂，以免打击学生的积极性。活动的难易程度要适宜，有一定的挑战性，使学生在经过努力后能找到合适的解决方法，这样才能激发学生的学习兴趣，磨炼其克服困难的意志，挖掘其学习潜能。

总而言之，趣味性原则要求教师根据学生的特点把教材内容转化为能够使学生感兴趣的活动形式，以激发学生学习和积极参与活动的欲望，只有这样，高校英语教学才能达到事半功倍的效果。

二、高校英语内容型教学法的基本原则

内容型教学法通过运用目的语教学内容，把语言系统与内容整合起来进行教学。这种整合观基于以下对语言教学的认识：只有给予语言系统和内容同等的重视程度，而不是将两者分离开来，才能促进两者共同发展。具体而言，内容型教学法的基本原则如下：

（一）根据内容制定教学决策

语言课程的设计者和教材的编写者在设计阶段主要面临两个问题，即内容（包括哪些项目）的选择和排序。传统的教学方法通常按照语法的难易程度进行课程设计和教材编写。例如，一般现在时比其他时态更容易学习，在教材的编写和教学中自然要优先学习，基于这一原则的教材和教学通常把这一易学内容放在初始学习阶段。内容型教学法则以内容为基础来控制语言的选择和排序。

（二）整合听、说、读、写技能

以往的教学法常常以分离的、具体的技能课的形式进行教学，如语法课、写作课、听说课。与之相反，内容型教学法尝试将听、说、读、写四项基本技能结合起来，同时将语法和词汇教学整合到统一的教学过程中。这一教学原则源于语言交际的真实情境和语言互动涉及的各种技能的协作。同样，内容型教学法没有固定不变的教学顺序，可以从任何技能开始。由此可见，这一原则是对上一原则的延伸，是确定教学内容、影响教学方案选择和顺序的具体体现。

（三）要求学生积极参与教学的每一个阶段

自从交际法出现以来，课堂教学的重心从教师转移到了学生，"做中学"已成为交际语言教学的基本原则。任务型教学法是交际法的一个分支，强调学生在完成任务的过程中要进行探究性和发现性的学习。同样，内容型教学法也是交际法的一个分支，注重学生在学习过程中的主动学习。提倡内容型教学法的学者认为，语言学习应该在教师的语言输入中产生，同时学生也可以在与同学

的交流中获得大量的语言信息。在互动学习、意义协商、信息收集和意义建构的过程中，学生扮演着积极的社会角色，如接受者、倾听者、计划者、协调者、评价者等。除了学生具有多重身份之外，教师也扮演着多重角色。他们可以是学生信息源任务的组织者，学习活动的促进者、控制者，也可以是学生学习活动的评价者。

（四）内容的选择与学生的兴趣、生活和学习目标相关

内容型教学法的内容选择最终取决于学生和教学环境。在特定的教学和教育环境中，教学内容通常与教学主体平行进行。例如，在高校阶段，学生可以选修"相邻语言课程"。"相邻语言课程"是指两名教师从两个不同角度教授相同内容，以达到不同教学目的的课程类型。在其他教学环境下，教师可以根据学生的专业需要和一般兴趣特点来选择教学内容。事实上，哪些内容是学生普遍感兴趣的或与学生直接相关是很难确定的，由于每个内容单元的教学时间较长，教师有很多时间和机会将课程内容与学生的兴趣及其已经掌握的知识结合起来，因此让学生对所选内容产生兴趣是内容型教学法的基础。

（五）选择"真实的"教学内容和任务

内容型教学法的核心内容是真实性。它既要求文本内容的真实性，也要求任务内容的真实性。一首歌谣、一个故事、一幅漫画等都可以作为真实的教学内容。把这些真实的内容放在高校英语课堂上，将改变它们原来的目的，从而为英语学习服务。同样，任务的真实性也是内容型教学法的目标，即任务必须结合一定的文本情境来反映现实世界的实际情况。

（六）采用直接方法学习英语结构

内容型教学法的目的是让学生接触真实的英语输入，从而获得运用英语进行交际的能力。文本形式、教师对课堂英语的输入、学生之间的结对子活动和小组活动都是内容型教学法的信息源。然而，仅仅让学生获得可理解的输入并不是一种成功的英语学习，必须采用直接方法来学习真实文本中的英语结构，这也是实施内容型教学法的基本要求。

三、高校英语课程资源建设的原则

高校英语课程资源建设是辅助高校英语教学的重要举措，是学生进行个性化学习的前提。在建设高校英语课程资源的过程中应坚持以下原则：

（一）"以学生为中心"原则

所有高校英语课程资源的建设都是围绕学生的英语学习动机和兴趣而开展的，其目的是为学生营造良好的学习氛围，为学生努力学好英语铺路搭桥。无论是课程资源建设的决策和规划阶段，还是实施、检查和改进阶段，都要以学生的实际需求为出发点。对此，教师不仅要关注学生的知识类资源，还要关注学生的情绪类资源、问题类资源、错误类资源、差异类资源和兴趣类资源，尽可能使学生成为学习的绝对中心和知识意义的主动建构者，确保教材提供的知识不再是教师传授的内容，而是学生主动建构意义的对象。同时，各种高科技教学手段也不再是帮助教师传授知识的手段与方法，而是用来创设情境、进行协作学习和会话交流，即学生进行主动学习、开展协作式探索的认知工具。

（二）开放性原则

高校英语课程资源建设是一项长期的、系统的积累工作。随着教学改革的不断深入、社会的不断进步和教师的专业化发展，已有的课程资源得到更新，新的课程资源得到添加，确保了课程的正常运转。

不管课程资源以什么类型存在，只要有利于教育教学，就可以加以开发利用。总之，知识经济是世界一体化的经济，资源的开放性原则是从地区到全球、从微观到宏观、从局部到整体，在不同层次上都要确立的一种基本原则，高校英语课程资源建设尤其如此。

（三）前瞻性原则

高校英语课程资源的开发利用和学生的需求紧密相连，并受现有课程和现实社会的实际需求的影响。从发展的角度来看，高校英语课程资源建设还应与未来社会的发展联系起来。只有这样，才能帮助学生更好地把握未来社会的发展趋势。因此，高校英语课程资源建设者要具有前瞻性思维，密切关注社会的发展动态，注意吸收当前重要的、有影响力的、处于科技前沿的素材，在此基础上开发出对学生真正有用的课程资源，并对学生加以引导，让他们逐步接受这些新东西，从而为学生的可持续发展和终身学习打下坚实的基础。

（四）经济性原则

经济性原则是指在高校英语课程资源开发过程中，力求用尽量少的投入开发出最大量的课程资源，即实现低投入、高产出。

具体而言，经济性原则涉及经费、时间、空间和学习四个方面。经费的经济性原则是指以较少的资金投入开发出可以服务于学生的高校英语课程资源，如从互联网上提取本校可以使用的英语资源；时间的经济性原则是指立足于现实，开发适用于当前高校英语教学的课程资源，而不能一味地等待，以免错过最佳学习期；空间的经济性原则是指能就地开发的就不要舍近求远，同时也包括扩大课程网站的容量；学习的经济性原则主要是指以兴趣为导向，开发能激发学生学习积极性的课程资源。

第三章 跨文化视域下的英语教学

跨文化能力是来自不同文化背景的人们互动与沟通的必要条件。本章主要介绍的是跨文化视域下的英语教学，分别论述了英语教学中的文化冲突、跨文化视域下英语教学的本质和任务以及跨文化交际能力框架的构建。

第一节 英语教学中的文化冲突

在当今全球化的文化发展态势中，不论东方还是西方，都已经无法在单一的文化背景下对本民族文化进行审视、发展和价值判定了。在多元文化的融会与交流形成大势所趋的背景下，比较文化学的重要性和其受关注度无疑将被凸显，对高校的跨文化英语教学也会提出新的要求。

任何一个种族、民族或文化群体，不管其自身的文明程度怎样，它们都拥有一个固有的文化判定模式，即以自己的文化判定模式为标准，去判定不同文化群体的行为规范是否正确或恰当。语言的学习不单单是一种范式的学习，高校英语的教学更应该注重文化的内涵，化解文化冲突，让学生可以减少跨文化交际障碍。

一、中西方思维方式和语言差异

人类思维具有共性，同时也必然具有个性，即民族性。一个民族的思维模式是该民族文化精神的长期积淀，在一定程度上，反映出一个民族的文化心理。思维模式与文化密切相关，是文化心理特征的集中体现，同时又对文化心理的要素产生制约作用。思维方式的差异是造成文化差异的重要原因。各民族的地理环境、社会经济、历史发展、文化传统存在较大的差异，必然产生具有民族特征的不同思维方式。

中西方传统思维在思考重心、思维模式、认知定势、思维原则等方面各具特点，其差异表现在诸多方面，如思维整体性和思维个体性的差异、思维具象性和思维抽象性的差异、主体意识和客体意识的差异等。思维的差异比较突出地反映在语言表达形式上，这无疑构成了不同民族间交往和沟通的障碍。

（一）思维的整体性和个体性对比

洪堡特曾说过："语言从精神出发，再反作用于精神。"[①] 语言是一种世界观，思维反映现实、语言凝化思维。中国传统的"天人合一"思想将人和自然视为一个有机的整体，因此，汉民族思维模式的基本特点即强调整体上的和谐、统一与稳定、平衡；西方哲学理论则倾向人与自然的对立、物质与精神的对立、主体与客体的对立，将统一的世界观分为不同的层次，充分展示世界的多层次性和矛盾性，把具体、个别的问题从总体中分离出来，一个部分接一个部分地进行研究和分析。这种整体性和个体性思维模式的差异必然会影响它们各自的语言表现形式，成为语言表层形式的深层次生成机制，使得两种语言在造字构词、行文遣句、言语表达、篇章结构上出现根本的差异。

西方人的个体性思维模式使得其造字构词的个体性特点非常突出，这个特点被比喻为"原子主义"。"原子主义"形象地解释了对物体的指称命名从个体（原子）出发，不特别注重整体与个体之间的联系。例如，对动物的命名不像汉语那样从大类出发，而是从个体着眼。如 cat、dog、wolf、monkey、pig、lion、fox、deer 等动物均独立命名，从形式上看不出各种动物间的任何属类联系。与之形成鲜明对比的是汉语中动物的名称多带偏旁"犭"，如猫、狗、狼、猴、狐、猪等。汉语中流行的俗语"认偏旁部首，认字认半边"虽不是100%的正确，但基本如此，这足以说明汉字从总体到个别的造字规则。"以类相从"的造字整体意识使得汉字中的部首成为查找生字的基本单位。例如，带"艹"字头的字，多属草本植物的指称或与其品质属性相关。如芋、芍、苣、芽、芳、芥、荷、蒜、菊、苕、蔓等。以部首显示类别，这正是汉民族思维整体性的表现。

汉语的构词方式也反映出汉民族重整体的意识。无论是双音还是多音词语，一般都是先确定总体的类别，再进行个体的区分。例如，草本植物可以分为花、

[①] 威廉·冯·洪堡特.论人类语言结构的差异及其对人类精神发展的影响[M].姚小平，译.北京：商务印书馆，1999.

草、菜等类别，而后分为菊花（chrysanthemum）、茉莉花（jasmine）、兰花（orchid）、牡丹花（peony）、桃花（peach blossom）、杏花（apricot blossom）、茜草（madder）、兰草（fragrant thoroughwort）、海草（sea grass）、茅草（thatch）、白菜（cabbage）、芹菜（celery）……从后面的英文对应词来看，它们在形式上不发生任何联系。

（二）思维的抽象性和具象性对比

中国传统思维注重实践经验，借助直觉体悟，注重心物交融，知情意贯通，通过知觉从总体上对事物进行模糊而直接的领悟，从现象去领悟认识对象的内在本质和规律。这种直觉思维模式使得中国人强调静观、灵感、顿悟，讲究在一瞬间快速且直接地对世事进行整体把握和理解，这种思维方式的哲学基础正是中国儒、释、道三家哲学观念相结合融通的体现。例如，哲学家庄子强调"得意忘言"，重言外之意、韵外之致；佛教传入中国后与中国传统哲学结合，形成禅宗，强调顿悟和语言文字的神秘性。

着力对事物形象的描摹，强调"悟性"的高低，这使得中国古代诗人和文学家辈出，灵感和洞察力备受推崇，用形象化语言描绘抽象概念和规则成为中国人表达方式的一个突出的特征。

西方人的思维传统注重科学、理性，强调对世界本质和规律的科学判断和推理论证，形式逻辑、抽象思维在思维过程中的比重远远超过了形象描述和直觉领悟。透过现象看本质、通过推理形成概念是西方人思维特征中的突出特点。

英语句子主干突出，主谓机制成为句子的主体构架，后用连词将各个句子有机结合起来。

汉语中常用具体、形象的词汇表达难以名状的抽象概念，还可以让人借助经验"一见便知，一闻便悟"。例如，"美"字正是古代中国人凭经验对"羊大"这一事物所产生的心灵图像，并将这一图像十分直观地表现出来。再如，用"矛""盾"这两样攻与防的兵器去组成"矛盾"这一抽象的状态，将客观事物的抽象性质用形象化的语言具象地呈现出来，这也是汉语的魅力所在，是中国传统文化"尚象"的具体表现。英语则更多使用抽象名词表达概括和笼统的概念，常常显示出隐晦、虚泛的特点，但也正好适合表达复杂、精微的思想和情感体验，体现出西方文化"尚思"的特征。

中国人偏重经验悟性也反映在对一些模棱两可的词语使用上。汉语的魅力在于其暗示力和意境性，以神统形，富有弹性。例如，"灭火"和"救火"竟然同属一个意义，需要人们根据经验和判断领悟；"地上"和"地下"也可以指一个地方；"中国队大胜日本队"与"中国队大败日本队"形式相反，意义相同，常令外国人云里雾里，不知所云。

汉语具象性思维模式和西方重形式论证的思维方式使两种语言各自呈现出明显差异。英语的精准和周严、汉语的模糊和简约通常被语言学家概括为"形合"（hypotaxis）和"意合"（parataxis）两种语言风格。汉语一般不依靠语言形式，而是借助词语或句子暗示意义的内在逻辑关系来实现语义连接（cohesion）；英语在句法上强调明示形态和结构，注重语言形式的前后衔接，即借助语言形式和连接词来完成词语和句子的显性语义连接。正是这个原因，英语中的显性连接词要远远多于汉语。

以英语作为参照，汉语的特点也凸显出来。如前所述，汉语的魅力在于其暗示力和意境性，在于其流散和疏放。句子结构简洁、明快，以神统形，注重隐性连贯，是一种体现阴柔之美（femininity）的语言，也被语言学家王力描述为一种"人治"的语言。如：

Once a certain limit is reached, a change in the opposite is inevitable.

物极必反。

从中英文对比中可以看出，在汉语中隐含的成分在英语中均须加以补齐，否则就会违背英语的语法规则。这一特性也使得英汉翻译的增译和减译成为一个常用技巧。

当然，形合和意合也并非绝对，意合在汉语中属常态，在英语中则属变态。英语中偶尔也会出现约定俗成的意合习语，但不占主流。

二、中西方习俗差异

（一）中西方姓氏习俗的差异

由于各自历史发展和文化传统的差异，因此中西方形成了两种不同的姓氏体系，其差异之处表现如下：

中国的姓氏体系远比英语国家的姓氏体系历史悠久、形式复杂。

中国人的姓名排列次序与英语国家正好相反。

中国人敬老的传统使得人们将对长辈直呼其名视为一种忌讳，取名时力求避免与长辈重名。西方国家则喜欢以父母或亲朋的名字为己名，以期继承家庭传统。

中西方国家的姓氏都是世代相传的，但中国妇女婚嫁后保持本姓。中国封建社会妇女没有大名，在正式场合沿用"夫姓+本姓+氏"的形式来称呼，如"钱王氏""赵孙氏"。在英语国家中，妇女出嫁后一般要改姓夫姓，只有极少数例外。

中国人姓氏有单姓、复姓、三字或四字姓之分，以单姓数量为多。英语国家的人有复姓，但数目极少。

中国姓名中有乳名（小名）、学名（大名）之分，英语国家姓名中有首名、教名、中间名之分。很多名字有昵称形式，如 Margaret 的昵称有 Margie 和 Margot，Mary 的昵称有 Mariana 和 Marion，James 的昵称有 Jim 和 Jimmy。

英语国家人的姓名一般由两部分组成：名+姓，其排列顺序与中国正好相反。如 Linda Jones。多数情况下，人们只使用一个名字，即首名或教名。教名是孩子在接受洗礼时由神父赐予的名字。人们在办理公务或签署文件时才使用中名（middle name）。在书写时，姓名按"首名+中名+姓"的次序排列，如 Linda Jane Smith 或 Linda J.Smith 或 L.J.Smith。

在英语国家，子女一般随父姓，家族世代相传，妇女出嫁后改为夫姓，如 Mary Smith 嫁给 John Robinson 后，改为 Mary Robinson。

在英语国家中，名字的使用必须遵循一定的规范。人们在签署文件、填写表格或自我介绍时一般使用全名。在正式场合或陌生人之间，可以称姓，并在姓前面冠以适当的称谓，如先生、太太、小姐、教授、博士之类。在熟人之间，称名是很普遍的，以表示关系亲密、态度友善。

（二）禁忌习俗差异

1. 禁忌的定义

禁忌是世界各民族共有的文化现象。英文中"禁忌"一词 taboo 源于太平洋汤加岛上的Tongan（汤加语）。18世纪，英国航海家詹姆斯·库克（James Cook）发现了汤加群岛居民的各种禁忌习俗，并将该词引入英语。

事实上，禁忌是人们对某些言行的自我限制，不仅来源于人们对某种神秘力量的畏惧，而且包含着人们在与大自然做斗争中长期积累的经验，以及在长期的人际交往中所形成的社会礼俗。因此，有消极的、迷信的、愚昧的禁忌，也有积极的、合理的、科学的禁忌。禁忌像一种无形的戒律束缚着人们的语言和行为，使人们在禁忌区内不敢越雷池一步。可以说，禁忌无处不在、无时不有，从衣、食、住、行，社会交往，到政治、外交、文化等活动，都能看到禁忌的身影。

2. 社交禁忌

时间观念的不同会给人带来尴尬。宴请或聚会，西方人习惯晚3～5分钟到达，一般来说，比预定时间晚10分钟到达是一个底线，这是因为让主人和其他客人久等是一种失礼，而稍晚几分钟可以给主人充足的时间做好迎客的准备。这种习惯正好与中国人相反，我们往往早到三四分钟以表达尊敬，对年长和地位高者尤其如此。

3. 饮食禁忌

在饮食方式上，中国人的规矩十分繁杂。中国人忌用筷子敲打盘子或饭碗，忌在进餐时唱歌，忌将筷子悬在空中，忌眼睛搜索自己爱吃的菜肴；忌把筷子插入盛满米饭的碗中；忌当众松腰带、忌当众打嗝、忌吃饭中途如厕等。

西方人在饮食方式上也有诸多讲究：在进食时忌刀叉出声，在喝酒时忌出声，在进餐时忌大吃大喝、狼吞虎咽，尤其忌讳刀叉弄响了水杯；忌自己的菜盘剩下食物；餐毕将刀叉放好，忌乱放；忌弄洒了盐；口中进满食物时忌说话；等等。

4. 颜色禁忌

五颜六色的各种物质组成了色彩缤纷的世界。人们长期生活在五光十色的环境中，对有一些颜色产生了偏爱，对另一些颜色则产生了厌恶。可以说，在认识和改造客观世界的过程中，人们赋予了各种颜色以不同的文化内涵，这是除去其物理属性外更深刻的文化属性，也是语言和文化研究的重要课题。

不同国家和民族赋予不同的颜色以不同的意义。即便是同一种颜色，在不同的文化语境下其内涵也有很大差异。不同国家和民族对于颜色的禁忌也大相径庭。

（1）红色

红色在中国是一种传统的喜庆颜色，如红双喜、红灯笼、红嫁衣、红蜡烛、红对联、大红花等均象征着欢乐喜庆、幸福临门。近代以来，红色又被赋予了革命的意义，如红旗、红星、红军、红色娘子军、红领章等。红色被中国人赋予了太多积极而正面的意义。

但是，有时红色也并不那么受欢迎，如签字时忌用红笔，写信忌用红笔，办丧事忌用红色器物、忌穿红色衣服，以表达对逝者的尊重。

在西方，红色更多象征着热烈、刺激、兴奋、勇敢，红色是火、血、王权和革命的代名词。其反面含义是专横、暴躁和傲慢。红色在西方表示停止。

（2）黄色

古代中国皇帝穿黄色的龙袍，睡黄色的龙帐，坐黄色的龙辇御轿；圣旨用黄色的绫子书写，宫殿的基调是黄色，黄色是中国皇权的象征，因而也成了一般平民的禁忌色。若有大臣穿黄色的衣服，则意味着杀君篡位，欲取皇帝而代之。

在现代中国，黄色被赋予了若干消极的含义，如嫉妒。

在西方，黄色有很多正面的意义。在古罗马时代，黄色是宗教仪式中必不可少的颜色。在美国，黄色有思慕远方亲人、期待回家的意思。

（3）蓝色

蓝色给人以安静、清凉的感觉，是大海和天空的颜色。古代蒙古人称自己的国家为"蓝色蒙古国"，称自己的军队为"蓝旗军"。

美国人也喜欢蓝色，创造了蓝色的牛仔装，形容有贵族血统也用"蓝色的血液"（blue blood）。但是，蓝色也有反面含义，如抑郁、悲哀、空虚和阴冷。所以，在英语中，"蓝鬼"（blue devil）是沮丧、忧郁的代名词。a person who has the blues frequently 指时常患忧郁症的人。

（4）白色

在中国的传统观念中，白色代表肃穆、哀悼，是丧葬用色。

在西方，白色是纯洁、光明和坦率的象征。华盛顿的白宫（the white house）、伦敦的白厅（the white hall）等建筑均向世界表达出一种明快、朴素、洁净的感觉。

男士身着白色服装参加活动是很吉利的，也是强有力的象征。在婚礼上，新娘身着白色婚纱，象征纯洁无瑕的爱情。

（5）黑色

作为最暗的色调，黑色通常是严肃、谦虚和隆重的代名词。中世纪，黑色备受推崇。在现代的欧美国家，黑色成为丧礼的专用色彩，以表达对死者沉痛的哀悼。

在西方国家，黑色也有其消极含义，如 black tidings 指"噩耗"或"不幸的消息"，black Friday 被认为是凶险不祥的日子，black list 指"黑名单"。

汉语中"黑"往往与"邪恶、罪恶"同义，如"黑心""黑手""黑线""黑幕"等。

（6）绿色

在英语中，绿色用以表示"嫉妒""眼红"，故英语有 green with envy（十分妒忌）和 green-eyed monster（妒忌的狂魔）之说。而汉语用"眼红""患了红眼病"来表示嫉妒。在英语中，绿色还用来表示没有经验、缺乏训练、知识浅薄等，如 green hand 表示新手、green horn 表示毫无经验的人。

5. 数字禁忌

对数字和日期的禁忌是世界各民族共有的现象。人们忌讳某些数字是认为它们会招致厄运、引发灾祸，数字被人们赋予一种神秘的力量，而且，这些观念根深蒂固，人们往往笃信不疑。

（1）"三"

中国有"事不过三"的俗语，是指犯错误不能超过三次；在西方，用一根火柴为三个以上的人点烟是大忌。

（2）"五"

在西方人眼里，星期五是个不吉祥的日子，因为这一天是耶稣受难日。人类祖先亚当和夏娃也是在星期五这一天被逐出伊甸园的。

（3）"十三"

十三是让西方人感到恐惧不安的数字，人们在日常工作和生活中都极力避开十三。对于个中原因，人们最普遍的看法是耶稣和其弟子共进晚餐时，第十三人犹大为了三十块银币将耶稣出卖，导致耶稣在十三日星期五被钉死在十字架上。

6. 委婉语

委婉语在古汉语中称为"曲语",是指在说话过程中为达到较好的语言交际效果而迂回曲折、含蓄隐晦。英语 euphemism 一词源于希腊语的前缀 eu(好)和词根 pheme(说话),因此,euphemism 表示 good speech 或 words of good omen(吉利的话)。可见,委婉语是各种语言共有的语言现象,是一种常见的修饰手段和交际技巧。由于大量语言禁忌的存在,委婉语便作为 comfortable words(安慰词)、cosmetic words(化妆词)或 gilded words(镀金词)应运而生了。当人们用间接的、抽象的、温和的词语代替直露的、具体的、犀利的用词时,特定的交际效果便随之产生了。因此,委婉语可以被称为交际的润滑剂。

委婉语具有重要的社会功能:一方面,它可以维持语言禁忌的效能;另一方面,它可以用来保护良好的人际关系,促进言语交际的正常进行。

三、文化冲突现象的原因分析

在跨文化交际中,造成中西方文化冲突现象的原因各种各样,其直接原因是交际双方在互动过程中易受到"文化中心主义"的影响。"文化中心主义"是指把本民族的文化当作对待其他民族文化的标准来衡量其他民族的行为,并把本民族文化与其他文化隔离开来。在该思想的指引下,人们在跨文化交际中,会不自觉地一味强调本民族文化的优越性,单方面用本民族的文化标准来判定对方的交际行为,而不尊重彼此间文化差异的存在。

(一)思维模式差异

文化会直接影响人们对外界事物的认知和看法,不同的国家因文化不同,导致人们在思维方式上也存有很大差异,从而引起跨文化交际中冲突的出现,这一点在中西方文化交流中表现得尤为突出。在中国传统文化中,如太极八卦图,主张"天人合一",包容性强,具有相对内敛、温和、沉稳的特点。

西方传统文化强调以"个体自由"为中心,其特点是"外向、超越、富有挑战性"。这一文化特点导致西方人在思维模式上注重知识性分析和逻辑验证,习惯对事物进行详细解析、层层推理,从而使他们具有较强的抽象思维和逻辑推理能力。

（二）行为规范差异

行为规范，从含义上来讲，是指被社会所共同接受的道德标准和行为准则。简单来说，行为规范就是告诉人们该做什么和不该做什么的一种规范。行为规范是人们在社交活动中约定俗成的，为不同文化所独有，因而，它也因文化而异。

在跨文化交际过程中，人们经常不自觉地套用自身所在文化的行为规范去判断对方行为的合理性，忽视彼此差异的存在，而这就会给跨文化交际带来障碍，造成彼此误解或产生不快。可见，在中西方跨文化交际过程中，如若不能"入乡随俗"，遵循对方的行为规范，就很容易导致交际中矛盾的出现。

（三）语用迁移造成影响

人们对遇到的现象、事物、行为的评价和解释是建立在本身文化的基础之上的，在跨文化交际中也同样如此，因而往往会造成交际的障碍，其根源就在于忽略了语用的迁移。文化不同，语言的使用规则就会不同，一种文化的标准规范只能在自身中按其特定条件加以解释，而不能以此为规范来描述另一种文化，否则必然会导致跨文化交际的失败。失败的深层原因就在于人们缺乏对社会语言差异的敏感性，会无意识地进行语用迁移，而这种后果有时会很严重，甚至会招致巨大经济损失。

从以上的分析可以看出，在我们与西方人群的交往过程中，确实存在着很多文化方面的冲突，这些冲突直接影响到了跨文化交际的效果，这就要求我们多了解西方文化，从中学习文化知识，提升文化素养，拓宽西方文化视野，提高跨文化交际能力。

第二节　跨文化视域下英语教学的本质和任务

从跨文化角度来看，英语教学的本质体现在多元文化意识、学生批判性思维的培养两个方面；英语教学的任务则体现在熟悉跨文化英语教学目标、内容，同时，构建跨文化英语教学模式，实施英语教学跨文化训练等方面。以下针对跨文化视域下英语教学的本质与任务展开论述：

一、跨文化视域下英语教学的本质

（一）培养多元文化意识

培养多元文化意识是指了解世界文化的多样性，建立多元文化的概念。由于世界构成群体具有多元文化特征，因此不同的文化有其产生和发展的背景，并有其不可替代和不可剥夺的存在理由。基于现代生活的需要，各文化群体间的交流和接触不断深入，对异质文化的尊重和理解是有效避免文化冲突，实现平等交往、成功合作的必要条件。在英语教学中，教师应培养学生对不同文化积极理解的态度，这有利于学生在文化差异中加深对自身文化的理解，从而使学生能够做到客观、有效地把握各自的文化特性，以开放的心态对待世界文化的多样性和多元化。

（二）发展批判性思维

发展批判性思维是指发展学生的批判性思维，促进学生对本国文化的反思。教师在教学中可鼓励学生充分利用多元文化这一优势，去发现隐藏在文化现象之下的预定性假设，进而引导学生在多元文化社会中反思自己的文化形成，确立自己的价值观念、行为方式等，促使个人文化观的形成。多元文化教育也是学校教育的一个组成部分，并与国家的教育目的相一致。多元文化教育在理解和尊重异质文化的过程中，也实现了对自身文化更为深刻的理解和发展。

二、跨文化视域下英语教学的任务

就当前的社会背景来说，我国需要从自身的经验出发，对如何开展跨文化交际领域下的英语教学提出合理化的任务和目标。具体来说，体现在如下几个方面：

在文化背景上，世界文化是由不同文化群体构成的，各种文化都存在自身的发展背景，也会涉及种族、性别等各个方面的文化问题。因此，教师要在英语跨文化交际教学中帮助学生理解这些文化背景。

在本土文化上，跨文化学习给学生重新看待本土文化提供了条件。因此，教师要在英语跨文化交际教学过程中引导学生对本土文化进行反思，发展学生的批判性思维，提高学生的文化认知高度。

由于中西文化差异的存在，教师在跨文化视域下的英语教学中应该帮助学生尊重和理解中西方文化的差异，避免产生文化冲突。同时，教师还需要引导学生对不同文化进行肯定和接纳，实现不同文化的平等交往，最终推进合作。

在文化价值上，每一个国家、民族都有其独特性。因此，教师在开展跨文化交际领域下的英语教学中应该帮助学生了解多种文化，让学生主动发现多种文化蕴含的共同人性以及多种文化对美好生活的追求，以开放的心态去认识世界和自我，从而发现多元文化的价值。

（一）熟悉跨文化英语教学的目标

英语中用 goals、aims 和 objectives 三个词来表达不同层次的教学目的。goals 是对教学目的的一个总体、抽象的描述。只有对抽象的目标进行具体分析，才能将其转化成可供外语教育工作者教学设计的依据和参考，这些细化了的目标就是教学目的（aims）。与这些目的相伴而生的是衡量达到这些目的的标准（standards）。目的和标准的确定非常重要：一方面，它们是对总体目标的细分，是总体目标实现的衡量标准；另一方面，它们又是对教学具体实施的指导，是确定课堂教学目的（objectives）和教学活动的基础，也是教学评估和测试的基础。这种承上启下的作用决定跨文化英语教学要得到外语教学界的普遍认可，成为一个健全、合理和实用的英语教学法，必须有明确的教学目的和标准。

教学目的和标准的确定一般是由政府教育机构发起，委托数名专家组成项目组进行调查研究，提交报告，最后再由教育部门审定和颁布，并监督实施。教学目的和标准的确定受社会文化和政治经济等客观环境的影响，虽然跨文化英语教学的本质特点适用于任何国家和地区，但是其教学目的和标准以及教学方法在美国和欧洲可能有所不同。同样，在中国的国情下，跨文化英语教学也应该具有自己的特色，不能一味模仿、全盘照搬西方国家的做法。根据我国英语教学的特点，在跨文化视域下，英语教学的目的应包括知识层面、能力层面和态度层面。

（二）掌握跨文化英语教学的内容

跨文化英语教学的目的包括知识、能力和态度三个层面，因此，教学内容也应该全面考虑学生这三方面的需要。单纯从教学内容来说，英语教学应该包括以下内容（表3-2-1）：

表 3-2-1　英语教学的内容

英语教学	目的语言教学	语言意识
		语言知识
		语言使用
	目的文化教学	文化意识
		文化知识
		文化使用
	跨文化交际能力	
	其他文化教学	跨文化意识
		跨文化交际能力
		跨文化交际实践
		跨文化研究方法

跨文化英语教学内容由四个模块构成：目的语言、目的文化、其他文化和跨文化交际能力。通过对目的语言和目的文化的学习，学生能够掌握目的语言的知识，并能使用该语言与目的语言群体进行有效交际。其他文化的教学是跨文化英语教学不同于其他以文化为基础的英语教学的特点。如果英语教学完全排除其他文化的内容，势必就会造成学生徘徊于本民族文化和目的文化之间，而忽略了其他文化的存在，这不利于培养学生的跨文化意识。跨文化交际能力的教学包含跨文化意识、跨文化交际能力、跨文化交际实践和跨文化研究方法的培养。

值得注意的是，这四个方面的教学内容并不是各自独立、互不联系的。实际上，目的语言、目的文化、其他文化和跨文化交际能力等教学内容之间的关系密不可分、相互渗透。

与常见的线性分布、层次分明的内容分析不同，饼式的教学内容示意图（图3-2-1）展示的各个教学要素分布于一个大圆之中，没有先后主次之分，而且，圆外的双箭头表示各个要素之间互通有无、相辅相成，共同构成跨文化英语教学的整体。

```
        目的语言 | 目的文化
        ─────────┼─────────
        其他文化 | 跨文化交际能力
```

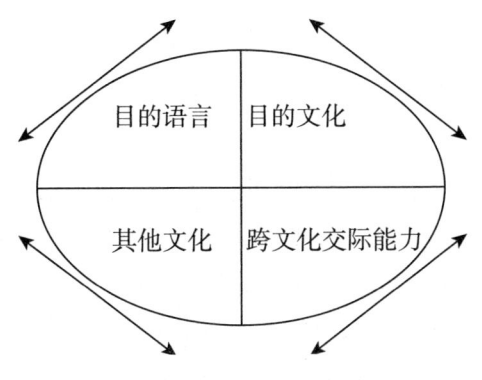

图 3-2-1　跨文化英语教学模式

（三）构建跨文化英语教学模式

构建跨文化英语教学模式具体指的是构建一种"交际—结构—跨文化"的模式（a communicative, structural and inter-cultural approach to foreign language teaching）。随着英语教学的发展，越来越多的学者开始重视英语的文化内涵，深知在英语教学中进行文化交际素质培养的重要性。在具体的跨文化英语教学中，应该重视以下三个方面的培养：

1. 交际体验

交际体验是指让学生掌握一定的交际功能，通过外语进行日常生活的交际。外语课堂的交际体验能够提升学生的交际能力。在交际中，交际双方需以一定的语言交际环境为基础，对交际双方的背景有所熟知，以上述因素为根据，发挥自身的交际技能。

我国的英语课堂教学需要营造师生共同交际体验的教学环境，形成一种双向的跨文化传播与交际方式。

2. 结构学习

结构学习以语言技巧的训练为目标，将语言结构作为教学重点，主要利用英语进行教学。语言有自身的系统性，语言学习和教学应该利用这种系统性，发现学习和教学中的规律，展开结构性学习方式。具体来说，结构学习应该注意以下几个方面：

第一，培养学生英语结构运用能力。

第二，培养学生的词汇选择与创造力。

第三，培养学生组词成句、组句成文的能力。

第四，培养学生在不同语言环境下进行交际的能力。

3.跨文化意识

跨文化意识将了解文化知识作为目标，重视文化习俗的教学，利用外语进行教学。英语文化知识需要学生了解英语国家的历史和文化活动，对相关文学作品进行研读，同时需要学生了解英语民族的生活习惯与方式，形成学习英语国家文化的兴趣。长此以往，跨文化交际方式下的英语教学就会变成一种文化探索，从而能够提升文化交际学习的乐趣和效果。

"交际—结构—跨文化"的模式指的是在英语教学的全过程贯穿中西文化的对比与总结，从而培养与增强学生的跨文化交际意识，为学生日后交际的准确、得体打下良好的基础。这是一种十分符合中国人的外语学习方式。心理学认为，事物相异性越大，越能刺激人类的记忆。"交际—结构—跨文化"的模式能够从英语学习的全过程进行认知方面的刺激，在教学的各个阶段都能培养学生的目的语思维模式。

（四）实施英语教学跨文化训练

跨文化训练包括以下几种方式：

第一，以提供信息为主的训练，如讲座、演讲等。

第二，以原因分析为主的训练，如重大事件讨论。

第三，以提高文化敏感为主的训练。

第四，改变认知行为的训练。

第五，体验型训练，如角色扮演。

第六，互动式训练，如跨文化交流。

在具体的跨文化英语教学中，教师可以综合使用上述几种训练方式，从而提高学生的文化敏感度，培养学生的跨文化交际技巧。

综上所述可知，跨文化视域下的英语教学是时代发展对英语教学的要求，也是英语人才培养的必然发展途径。在具体的教学中，师生要共同努力，从而提升教学的有效性，为日后的语言交际打下良好的基础。

第三节　跨文化交际能力框架的构建

跨文化交际能力指的是交际者在跨文化语境下进行交际的能力,影响着交际的顺利进行。本节将对英语教学中跨文化交际能力框架的构建进行分析。

一、跨文化交际能力的内涵

跨文化交际能力(intercultural communicative competence)指的是针对跨文化交际过程中出现的关键性问题,如文化差异、文化陌生感、文化内部态度、心理压力等的处理能力。在具体的跨文化交际实践中,跨文化交际能力体现在得体性和有效性两个方面。

第一,跨文化交际能力的得体性(appropriateness)包括符合目的语文化的社会规范、符合目的语文化的行为模式、符合目的语文化的价值取向。

第二,跨文化交际能力的有效性(effectiveness)主要指的是能够实现交际目标。

跨文化交际能力具有内在性,可以由交际者有意识地进行知识输入,并利用一定的语言技巧在跨文化交际的行为中得到体现。

二、跨文化交际能力的组成

国内有学者将跨文化交际能力概括为四个部分组成:言语交际能力(verbal communicative competence)、非言语交际能力(non-verbal communicative competence)、跨文化适应能力(competence of cultural adaptation/adjustment)、语言规则和交际规则的转化能力(competence of transformation of two rules)。

(一)言语交际能力

在跨文化交际能力中,言语交际能力是其基础与核心部分,主要包括以下几方面的内容:

第一,语法知识。

第二，对语言概念意义和文化内涵意义的理解与运用能力。

第三，语言运用的正确性。

第四，语言运用的得体性。

言语交际能力并不单单指交际者要具备扎实的语言知识，还要求交际者根据具体的交际语境来使用语言知识。

（二）非言语交际能力

非言语交际能力在交际行为中也有着重要的影响，不仅能够辅助言语交际的进行，对于交际问题与障碍的化解也大有裨益。

具体来说，非言语交际能力指的是除言语交际之外的一切交际行为与方式，包括以下几个方面：

第一，体态语，如身体的动作、接触等。

第二，副语言，如非语言的声音、沉默等。

第三，客体语，如服饰、妆容、肤色等。

第四，环境语，如空间信息、领地观念、时间信息、颜色等。

由于跨文化交际的进行，非言语交际的作用越发为人们所了解，因此重视非言语交际，并在交际中运用不同文化背景下的非言语交际方式十分重要。

（三）跨文化适应能力

跨文化适应能力指的是交际双方对对方文化的适应能力。在跨文化交际实践中，跨文化适应能力具体包括以下几种情况：

第一，能够克服文化休克障碍。

第二，能够正确认识和了解跨文化交际对象。

第三，在交际中能够调整自身的行为方式、交际规则。

第四，能够适应新的交际环境，并在其中展开生活、工作与交际。

第五，能够被新的文化交际环境所接受。

（四）语言规则和交际规则的转化能力

语言规则和交际规则的转化能力也是跨文化交际能力的重要体现。语言规则指的是语言的具体规则体系，如语音、词汇、语法等。交际规则，顾名思义，就是指导交际进行的行为准则。任何交际行为都包括言语交际行为和非言语交际行为准则。在交际中，交际者需要具备扎实的目的语语言规则，同时，需要学习母语与目的语转换的方式，从而规范自己的言语表达。针对跨文化交际中的文化问题，交际者需要对比目的语与母语文化在思维、风俗、价值观方面的不同点，从而进行规则的转换，促进交际的顺利进行。

三、跨文化交际能力的培养框架

培养跨文化交际能力是英语教学的重要目标，也是语言教学与文化教学相结合的思想体现。

（一）跨文化交际能力框架的构成部分

跨文化交际能力框架由知识、能力、态度、素养四部分构成，如表3-3-1所示。

表3-3-1 跨文化交际能力框架

跨文化交际能力	知识	文化知识	表层文化知识	地理、历史、风俗、习惯、禁忌
			深层文化知识	价值观、道德观、思维方式
		语言知识	语义知识	
			语用知识	
		社会知识	政治、经济、法律法规、社交礼仪	
		专业知识		
跨文化交际能力	能力	交际能力	语言交际能力	
			非语言交际能力	
			交际策略	
		社会能力	适应能力、应变能力、合作能力	
		学习能力	创新能力、观察能力、判断能力、解决问题的能力、使用现代技术的能力	
		专业能力		
	态度	交际态度	尊重、理解、包容、客观公正、态度积极、不卑不亢	
		个人态度	自尊自爱，心胸开阔，大胆、自信，拥有好奇心、求知欲	
	素养		善良、诚实、谦逊、有涵养，大方，拥有健全的人格	

1. 知识

在英语教学中，加强对学生跨文化交际知识的扩充对于提高学生的跨文化交际能力具有重要的意义。跨文化语言知识和能力的学习是交际者进行跨文化交际的基础和前提。只有交际者在交际中使用正确、流畅的语言，才能有效减少文化误解，也有利于在产生误解之后，交际者快速、灵活地进行解释说明，以保证交际的正常进行。

其中，文化知识层面包括显性的表层文化和隐性的深层文化；扎实的语言知识功底有助于跨文化交际；社会知识层面包括本国和他国的政治、经济、法律法规、社交礼仪知识，以及一定的社会学、心理学的相关知识；相应的专业知识有助于丰富跨文化交际的内容、增进沟通的深度。

2. 能力

跨文化交际的能力部分包括交际能力、社会能力、学习能力和专业能力。其中，交际能力层面不仅包括语言交际能力，还包括非语言交际能力和交际策略。

在社会能力层面，交际者应具备快速进入状态、适应新环境的能力，灵活机动、随机应变的能力，正确认识自我、与他人合作的能力。在学习能力层面，交际者应具备创新能力、观察能力、判断能力、解决问题的能力、使用现代技术的能力。交际者还应具备自己专业领域的相关技能。

跨文化交际能力的提高要利用具体的跨文化交际语境，因此，在英语教学中，教师要充分利用一切可利用的条件创设真实的跨文化交际语境，使学生在跨文化实践活动中锻炼跨文化交际技能，得体地运用所学知识。

3. 态度

跨文化交际能力的态度部分分为两个层面：交际态度和个人态度。交际态度是指交际者在跨文化交际中表现出的情绪、情感和状态。个人态度是指在个人层面上，交际者应大胆、自信、心胸开阔、幽默、风趣，具有民族自豪感、自尊、自爱，对新事物和他族文化拥有好奇心、兴趣和求知欲，对文化差异有高度敏感性。

4. 素养

跨文化交际能力的素养是指交际者个人的品质、修养。善良、有同情心、真诚、诚实、谦逊、有涵养、为人处世大方、得体，拥有健全的人格和较好的心理素质，这些素养都间接助推跨文化交际的成功。

（二）跨文化交际能力框架的特点

跨文化交际能力框架具有以下五个特点：

第一，跨文化交际能力包括知识、能力、态度和素养四个层面，强调跨文化交际能力构成的全面性和整体性。

第二，专业知识、专业能力是跨文化交际能力的组成部分。

第三，素养是跨文化交际能力的组成部分，强调素养的重要性。

第四，强调学习能力的重要性。

第五，强调非语言交际能力的重要性。

第四章　高校英语跨文化教学的实践探索

当今社会是一个多元文化的社会，包容和接纳各种文化。与之相应的，教育也在发生着变化。高校英语教学如果不进行跨文化教育，那么学生走出社会后就难以跟上时代的步伐，无法适应转型中的社会。因此，在跨文化交际的大背景下，进行高校英语跨文化教育就显得尤为重要。

第一节　加强高校英语跨文化教学的必要性

一、跨文化教育是高校英语发展的需要

人类语言的表达形式必然要受到其所置身的社会文化形式的制约。在跨文化交际研究中，大家都明白一个事实，那就是因为文化而产生的误会要比因语言语法错误发生的误会严重得多。语言语法错误的结果，最多就是词不达意，思想中想要表达的东西无法顺畅地通过语言表达出来。可是，因为文化问题而导致的误会就会上升到有关民族尊严的问题了，往往会使"本族人与异族人之间产生严重误会，甚至敌意"。若想在跨文化交际中有效地避免诸如此类的文化矛盾或冲突，减少跨文化交际过程中有着不同文化背景的人之间的误会或摩擦，最为有效的方法就是交际者能够具备一定的跨文化交际能力，有着较为丰厚的文化修养与素质，对交际对象的民族文化与传统有着较为深入的理解与认识，只有这样，才能够达到有效交际、顺利实现跨文化交际的目的。任何一种民族语言都是该民族文化的重要组成部分和载体。在语言材料中，篇章、句子甚至每个词无不包含着该民族的文化信息。将英语教学与本国文化教学成功地结合起来，对于开阔学生的文化

视野、扩展高校学生的知识层面、多角度地理解与认识世界有重要意义。在对异域民族文化的学习与借鉴过程当中培养、提升自我的文化素养，这已经是当前高校英语跨文化教育不容置疑的事实，已经成为当前外语教学界的共识。

二、高校英语跨文化交际教育是当前中国社会经济发展的客观需求

毫无疑问，进入21世纪以来，伴随着我国社会各个层面改革的继续深化和经济的飞速发展，国际性的事务交流越来越频繁。我国的社会发展需要有一支庞大的、具备跨文化交际能力的人参与到国际贸易交流中来，需要这样的一支具备高素质跨文化交际能力的队伍来解决越来越多的国际性事务，以此来更好地增强国际间的交流与合作，使我们的跨文化交际得以顺畅进行。

当然，我们所需要的这种跨文化交际人才，不仅需要具备相当的语言沟通交流能力和优化知识结构组成的能力，还必须具备国际性的文化理念与思维，对于异域民族文化与传统、日常礼仪与交际原则等都有着一定的了解，也就是具备相当的跨文化交际能力。跨文化交际能力是一种双向的沟通交流能力。交际者不仅要对交际目标对象的民族文化有着较为深入的了解，还要对本民族的文化知识与传统有着深厚的了解。这样，才能够在跨文化交际过程中更好地实现双向的交流与互动。在跨文化交际过程中，要想能够得体、顺畅地同外国人进行交流，交际者仅仅具备流利的语言表达能力与丰富的语言词汇，这是根本不够的。若想保证跨文化交际的顺畅进行，交际者还要对目标交际对象、历史文化习俗和价值观念等有着深入的理解与认识，这样，才能够很好地避免在交际过程中因为文化的差异性而产生的误会冲突。因此，为了培养出优秀的跨文化交际人才，更好地满足我国对于跨文化交际人才的需求，教师在高校英语教学过程中要有效地融入跨文化交际的教学内容，将跨文化交际教学提升到一定高度，逐渐将高校英语教学传统教学方法的听、说、读、写能力训练转移到对跨文化交际能力的全面人才培养重点上来。培养出适应时代发展需求、具备跨文化交际综合素质与能力的国际性人才是高校英语教学改革应该关注的重点内容。高校英语在跨文化教育过程中，除了对目的语言民族的文化给予相当的重视外，还必须对不同民族之间存在的文化差异性给予足够的关注，在文化教学的过程中同时关注民族文化的差异性，从

多个角度、多个层面来增强学生对于不同民族文化的理解与认识，从而更好地拓展学生现有的知识结构，帮助学生在英语学习的过程中更为有效地培养起跨文化交际的能力与素养，为我国的国际化人才竞争培养打下坚实的基础。

三、高校英语跨文化教育是促进高校学生社会性发展的需求

任何一个人都具备一定的社会属性，与社会的发展紧密相关，在社会中扮演着一定的角色，并且，相应地承担其应有的社会责任。因此，个体的人与作为集体的社会之间就形成了一种彼此相互联系、相互依赖、共同发展的关系。每一个人都生活在一定的社会当中，既然在社会中生存并且想谋得个人的发展，就得不断地去进行学习。

通过跨文化交际教学来培养学生面对社会不同人群与不同的语言群体时应有的交际能力，培养学生在人与人交际合作时的正确态度与意识，从学校与社会各个层面来帮助高校学生提升跨文化交际能力与素养，对于他们更好地认识这个世界、跟上社会与时代发展的步伐以及对于自我素质的发展，都有着很好的作用。由此可见，我们倡导的高校英语跨文化教育同当前青少年培养的社会化目标是同步的，最终的目的就是帮助学生树立起正确的理想与信念，培养大家追求平等、尊重差异、相互合作的思想观念与意识。高校英语跨文化教育的目的也是培养当代高校学生的文化知识素养和综合能力，将每一个学生潜在的能力与其自身所蕴含的聪明才智最大限度地挖掘并且发挥出来。无数的教学实例已经表明，在高校英语教学中实行跨文化交际教学，不是一个空泛的概念或者是仅限于理论层面的空谈。而且，社会与时代的发展也为具有跨文化交际综合素养的人提供了越来越多的机会与平台，如国际性的交流与合作越来越频繁。

四、高校英语跨文化教育是实现民族自强自立的需要

中华民族的发展融入世界的整体发展态势，离不开英语这一世界通用语来做桥梁纽带。我们在学习英语的过程中不仅要有能力博古通今、融会中西，还要能够做到对西方文化的辩证吸收、内化融会，这样才能真正建立起强大的文化意识。

伴随着我国改革开放步伐的不断加快，我国的综合国力在不断地飞速提升，一些国际交往也愈加频繁，我们对于具有跨文化交际能力的人才需求也就愈加强烈。我们需要能够面向世界、对于异域民族有着较为深入理解的人才来参与到我们的国际交流中。因此，我们的高校英语教学就提出了新的教学目标，培养跨文化交际人才，将跨文化交际教学提升到一定的高度，使学生在学习实践中培养起其面对多元文化的包容性。鉴于此，在我国当前的高校英语教学中实施跨文化教育是一件极具深远意义的事情。

五、高校英语跨文化教育是顺应高等教学国际化发展趋势的需要

面对全球一体化发展的趋势，提升高等教学国际化的主流意识是当前世界性高等院校办学得以进一步深化发展的新的理念基础。由此可见，在高校英语教学中实施跨文化教育，已经成为国际性高等院校发展的必然方向。通过跨文化教育的实施，我们可以站在理性的角度来对我国的高等教学以及传统文化等进行分析认识，并且，能够以世界性的战略眼光来看待、分析全球性以及民族性的综合性问题，从而在理论与实践相结合的同时，找到中国本土办学、教学同世界各国办学、教学成功经验的融会点，以此来更好地把握世界性的主流意识发展，更好地在办学、教学中进行创新，在创新发展过程中办出自我的个性特色，为推动我国当前的高校教学作出努力。特别是伴随着全球一体化发展态势，办学也在全球一体化的发展过程中呈现出新的发展趋势，很多高等院校都在寻找与国外学校共同合作办学的新机会，中外合作办学方兴未艾。中外合作办学的过程无不呈现出多元化的特点，因此，在这样的办学理念和办学氛围中培养出来的人才，必然受到多元文化思维影响而具备多元化的意识，有利于学生形成开放、包容的文化思想。由此可以看出，对中外合作办学这一新的办学模式中的跨文化教育进行深入的关注与研究，对于高校英语跨文化教育是一件十分有意义的事情。这是因为以下两点：

第一，面对全球一体化发展的大趋势，我国高校面对的不仅仅是国内市场带来的巨大挑战，在全球化的发展过程中，已经被全球一体化潮流裹挟着融入了世界性的市场潮流中。具有跨文化交际能力的国际性人才已经成为全球范围内的一

种需求，而不再仅仅是某一个民族或者是某一个时间段的需要了。毫无疑问，这必然对全球各个国家与民族的高等教学提出了改革与发展的迫切要求。站在一个全球性的高度推动着各个国家高等院校进行发展与改革。

第二，中外合作办学的教学模式是以双向互利、文化平等、交流融合、共同发展为基础与目标的新的办学教学模式。

面对全球一体化发展的潮流与趋势，各个国家的商品、信息、服务乃至于人员的跨国界开放，促使高校教学前所未有地成为一个国家提升综合国力的代表性标志。在当前全球多元化办学模式的作用下，各大高校都在通过多种方式方法，将派出与引入结合起来融入自己的办学教学模式当中，以更好地增强学校在世界性发展态势中的竞争软实力。越来越多的高校已经开始意识到，面向未来的高校人才应该是具有全球意识与国际交往以及跨文化交际能力的人才，这一人才培养目标必然促进高校英语跨文化教育的发展。

此外，无论是谁，若想让自己的研究成果得到更多的认可，就必须进行国际性的学术交流。科学工作者如此，教育工作者也不例外。否则，研究成果就很难拓宽国际学术视野、得到国际同行的承认。这不仅仅是一种外在的交际形式，更是一种思想、一种学术思维的融会与交流。而英语作为国际交流的主要工具手段，顺应这一大的国际性的交流需求；在学习英语的同时，适当的文化学习也是非常必要的。英语只是一种交流的语言工具，文化作为思想的承载才是交流的内核。因此，在高校英语教学过程中，教师就需要对文化教学进行强化与突出，从而使作为文化载体的英语，能够在国际性的交流与合作当中真正地发挥其传播媒介的作用，真正发挥出语言的交际功能，来推动我国文化、科技的国际性交流与合作。而且，根据跨文化交际实践的经验总结，在我国的高校英语教学过程中，应该注重采用比较研究的方法来进行教学，以此更好地拓宽学生视野，增强其交叉学科的融入性，在对学生进行高校英语语言文化知识教学的同时，有效地加入人文学科的相关知识内容，使我国的高校能够增强彼此之间、学科专业之间的相互沟通与交流合作。在高校英语教学过程中，将外语的语言教学与文化教学更为有效地融合成一个有机的整体，使高校培养出来的人才朝着复合型人才的方向发展，使高校英语的跨文化教育能够真正地在国际交流与人才培养方面发挥其应有的作用，共同为促进我国社会经济的飞速发展作出应有的贡献。

基于此，无论是我国的高等教学部门，还是我国的各大高校，对于跨文化教育，都应予以足够的重视，使高等院校培养出来的人才，既能够充分地掌握跨文化交流中交际对象的民族文化，在交际中减少因为文化而发生的矛盾冲突，还具备一定的本民族文化传统的深厚底蕴，并且，能够用目的语言促进本民族文化在世界范围内的传播，使更多的国家与民族的不同语言群体都能够对我们本民族的优秀文化传统有着较为深入的理解与认识，这才是我们进行跨文化交际的真正目的。在此基础上，我国各大高校还有另一项使命，那就是在进行跨文化交际教学的过程中，能够正确地引导学生掌握不同民族与国家之间存在的文化差异，在认识、尊重、接受文化差异的同时，冲破差异的障碍，认识到差异存在的背后其实是语言共同性规律的作用。只有更好地认识并且掌握了这种差异背后的语言与文化存在的共同性本质规律，我们才能够真正地掌握一种语言及其背后所蕴含的文化。这样培养出的人才，才是我们在激烈的世界综合性人才竞争中所需要的、具有创新意识与创新能力的人才，也只有这样的人才，才能够在世界新的文化格局中发挥出跨文化人才所应有的作用。

面对着正在一体化发展的世界新的格局，跨文化人才的培养是各高等院校极为迫切的教学任务。但是，外语教学中的跨文化教育，必须承认不同语言群体之间存在的巨大的文化差异性。解决跨文化交际矛盾冲突有效的方法，就是高校英语的跨文化教育。我们要通过多种行之有效的跨文化教育方式，使学生能够对不同的民族文化之间存在的差异性有一定的认识与理解，并且，在跨文化教育过程中，培养学生尊重异域民族文化传统，形成包容、开放的跨文化意识，从而在进入跨文化实践中能够更好地为增进国际认识与理解而努力。对于这一切，每一个国家的高校都肩负着不可推卸的责任，这是时代赋予高校的使命。因此，高校教学应该责无旁贷地承担起为增进国家与世界其他民族之间交流与沟通而培养跨文化交际人才的责任，这是各大高校面向未来教学迎来的教学国际化发展的新态势。所以，在高校教学中，教师要有效地融入英语的跨文化教育，并且，对此给予应有的关注与重视，积极采取行之有效的措施，为培养跨文化交际人才作出应有的贡献。

第二节　高校英语教学中跨文化教学的内容和实施途径

一、高校英语跨文化教育的内容

（一）国外对于跨文化教育内容的研究

国外学者最先进行跨文化教学的相关研究，以下介绍一些比较有代表性的观点：

1. 弗赖斯的观点

20世纪40年代，弗赖斯（Fries）及其学生拉多（Lado）等就开始分析文化对于语言教学的积极影响。弗赖斯从语言教学的立场出发，认为文化内容应该融入外语教学中。他还指出，在各个阶段的语言学习中，有关民族文化和生活方式的跨文化教学内容都是不可或缺的部分，它不仅是实用语言课的附属成分，也是语言教学的总目标。

2. 克拉姆的观点

克拉姆（Kramsch）主张，跨文化教学内容应该从学习者理解自己的文化行为、个性特点、矛盾、偏见等开始进行，文化学习要具有多面性和多元化，文化学习的一个主要价值就是使学习者形成对母语文化的深刻理解。摩尔（Moore）认同克拉姆的观点，将跨文化教学的内容看成"全语言"的一部分，学生就是焦点。

3. 查斯顿的观点

查斯顿（Chastain）主张，跨文化教学应当从狭义文化开始进行，然后逐步过渡到广义文化。他提出了学生必须了解的一些文化知识主题，也可以看作讲授狭义文化的纲要，它们是仪表、广告、人口、礼貌用语、学生生活、家庭、父母、亲戚、职业、恋爱婚姻、成就、教育、饮食、穿着、朋友、文娱活动、快乐、金钱、青年、社会制度、政治活动、度假、经济制度、社会问题、宗教、法律、纪律、仪表、身势语、环境污染、报纸、爱国主义、死亡、交通。

4. 斯特恩的观点

斯特恩（Stern）明确指出，一般的语言学习包括以下六大跨文化教学内容：

第一，微观的个体及其生活方式。

第二，宏观的民族及社会。

第三，地理。

第四，历史。

第五，艺术、音乐、文学及其他成就。

第六，制度、习俗。[①]

（二）国内对于跨文化教育内容的研究

对于英语跨文化教学的内容，国内专家的观点主要分为两派：一是单一型观点，二是综合型观点。

1. 单一型观点

胡文仲、浦小君、束定芳和刘爱真等人持单一型观点，他们认为跨文化教学旨在使学生学会地道的英语，提高学生的交际能力，使其能在英语国家的文化背景下恰当、得体地进行英语语言交际。基于这一点，他们认为跨文化教学的内容就应该以英语文化为主，越是扎实掌握了英语国家的历史、文化、传统、风俗习惯、生活方式等，就越能恰当地使用这一语言。

2. 综合型观点

许国璋、张伊娜和刘长江等人持综合型观点，他们认为除了英语文化外，母语文化也是英语跨文化教学的重要内容。他们的这一观点立足于以下两点：

第一，我国的英语教学是一种国际语言教学。一名英语学习者不仅需要与英语语族者进行交流，在更多的情况下还需要与以英语为非母语的人进行交流，也就是要实现双语文化的交叉交际。因此，对英语文化缺乏了解，就有可能导致交际冲突的出现。

第二，随着我国与外国的政治、经济往来越加频繁，英语语言越来越注重其应用功能。简言之，无论哪一种观点，跨文化教学的具体内容都应该包括言语文化、非言语文化和交际文化三类。[②]

[①] 杨敏. 跨文化背景下的大学英语教学 [M]. 北京：中国原子能出版社，2020.
[②] 杨敏. 跨文化背景下的大学英语教学 [M]. 北京：中国原子能出版社，2020.

二、高校英语教学中跨文化教育的实施途径

(一)跨文化教育的"显性"与"隐性"路径

张红玲提出跨文化高校英语教学应采用以内容为基础的语言教学形式（content-based language teaching），其基本含义为：英语语言不是学习的目的和对象，而是学习者获取知识、进行专业学习的手段，学习者通过使用英语，不仅能学习相关知识、开展各种学术活动，也能巩固和提高他们的英语基础知识和技能，使他们的语言能力得到进一步发展和完善，这样可以使语言学习和专业学习得到完美的结合。这种学习方式即双语教学模式（bilingual teaching）。具体来说，高校英语教学应该在中小学英语教学的基础上，以专业英语学习为中心任务，采用双语教学的形式，培养高校学生应用英语进行专业学习和研究的能力。张红玲归纳出目前广泛使用的文化教学方法有以下五种：[1]

第一，文化讲座（lectures）。将不同文化主题构成一系列的文化知识，以讲座的形式传给学习者，有利于学生进行系统的文化知识学习。

第二，关键事件（critical incidents）。选用不同文化背景的交际双方之间所产生的，具有典型、代表意义的失败案例进行描述，然后分析误解产生的原因，帮助学生了解两种不同文化在某个方面的不同期望和表现，这非常能够刺激学生在分析案例和原因时进行思考，有利于跨文化敏感性的培养。

第三，文化包（culture capsules）。教师向学生讲述本民族文化与目的文化之间的某个本质差异。教师主要是通过各种教学手法向学生呈现差异的具体表现，然后提出若干问题，由此展开讨论。

第四，文化群（culture clusters）。由讨论同一文化主题的若干文化包组成。例如，可以将美国节日这一文化主题细分成圣诞节、感恩节、万圣节、复活节、情人节等若干个子题，每个子题可以设计成一个或多个文化包，供学生在课堂上讨论学习。这种方法非常有利于学生全面、系统地学习英语文化。

第五，模拟游戏（simulation games）。学习者通过模拟游戏感受一些自己尚未经历过的情境，从中体验和认识目的语言文化。例如，在高校校园里举办万圣节活动、圣诞节晚会耶稣降临的表演、感恩节对亲朋好友的致谢等活动，旨在通

---

[1] 张红玲.跨文化外语教学 [M].上海：上海外语教育出版社，2007.

过这种亲身体验的活动，扩宽高校学生的视野，增强对跨文化交际的敏感性。

以上各种方法以培养跨文化能力为主要目的，但是，只要经过变通和再设计就可以与高校英语教学有机结合起来，成为跨文化高校英语教学的方法。刘学惠和董晓波试图从建构主义的观点出发，结合已有的跨文化高校英语研究和教学方法归纳出跨文化教育实施的"隐性"和"显性"两种途径。[①]

建构主义认为世界虽然是客观存在的，但人们对于世界的理解和赋予意义是主观的；知识不可能由外部传授而获得，人们应以自己的经验背景为基础来建构现实和理解现实，从而形成知识；学习是学习者主动地建构内部心理表征的过程，这种建构不仅涉及结构性的知识，而且涉及大量非结构性的知识。学生在获得了有关文化的客观知识后，当面临具体的跨文化交际情境时，那些概括化、刻板化了的文化特征、行为规范等往往并不能保证交际的成功。这是因为真实的跨文化情境要比这些刻板知识复杂、微妙得多。

1. 跨文化教育的"显性"路径

"显性"路径是较为直接的、较为系统的文化学习。最具显著性的跨文化交际教学是在语言课程之外开设专门的"文化"课程，如"英美概况""跨文化交际学"等。这些专门开设的文化导入课具有直接性、外显性和客观性，是与"语言点"相对的"文化点"。这类课程有自己特定的内容纲要、教学目标和测试手段。刘学惠认为，在英语语言课程中进行跨文化教育和文化导入等教学活动也属于显性文化学习，因为这种"文化导入"是有较明确意图和外显内容的文化学习。从内容看，注重"有形"的文化知识，既有的文化事实、与文化有关的语言现象以及某些跨文化交际的规约；从方法看，一般采用系统讲授或结合阅读课文学习"文化点"。

2. 跨文化教育的"隐性"路径

与显性文化学习的直接、客观、系统等特征相反，还有一种是主张较为间接、相对分散和有较多主观参与的隐性文化学习模式。隐性路径的文化学习是伴随语言学习过程，与语言学习紧密联系和相互渗透的。这里所说的与语言学习紧密联系，不是指我们常见的在理解课文意义时对某文化知识点的分析讲解以帮助学生理解课文，或使学生了解某个语言现象后面的文化典故以扩充文化知识，而主要

---

① 杨敏. 跨文化背景下的大学英语教学 [M]. 北京：中国原子能出版社，2020.

是指在学习语言材料时对其中所表达的思想主题及其现实——文化意义的理解与把握,特别是经学生自己感悟思考后的理解与把握。当一个中国学生阅读一篇英语原文课文时,他就在经历一次跨文化交际,尽管这是互不见面的读者和作者之间的交际。如果教师能引导学生不但理解文本的表层信息——课文讲了什么,而且思考文本的隐含信息——课文为什么而写、为谁写和是谁写的、课文内容与自己所处的文化环境有何相关和实际意义、从不同文化背景理解课文的困难是什么等,那么这位学生就是在进行一种"文化"的学习,这种学习不是简单的知识传递,而是在教师引导下学生对"非结构的""捉摸不定"的事物的主动建构与主观理解。这样的语言学习过程同时是文化学习的过程,也是思维方式和文化洞察力的学习与训练。由此可见,隐性文化教学的成功实施对语言教师的现代教学素质和社会文化敏感性与洞察力有格外高的要求。高校英语教师要有较强的文化意识和深厚的专业素养,结合所授内容,有目的地对学生进行文化输入。

无论对显性教学还是隐性教学的课堂教学而言,都应强调教师是实现跨文化高校英语教学的关键,故教师应不断提高自身文化素质和对跨文化交际教学的认识与能力。

(二)跨文化教育的实施原则

明确跨文化教学的原则能够使文化教学工作更为有序、有计划、有层次地开展。跨文化教学的内容应有机地融入英语教学系统中去,使语言知识和技能的教授与文化的传授同步进行,从而实现语言习得和文化习得的一致性。高校英语跨文化教学一般要遵循以下几点原则:

1. 适度性原则

适度性原则涉及两个方面:教材的适度性和教学方法的适度性。教材的适度性是指以教材的内容为主流文化,教学方法的适度性是指教师应采用能够激发学生自主学习的探究式或研究式学习方法。文化教学在内容设置方面不仅要参照教学任务和目标要求,还要考虑学生的接受能力,适度地选择合适的文化内容。此外,适度性原则还体现在课时的安排方面,过于深入或是宽泛的文化教学势必会占用过多的课堂时间,影响整体的语言教学质量。因此,教师只需点到为止或稍加发挥即可,在不影响课堂教学任务的前提下,适当地穿插或是讲解文化知识才是可取的。

2. 循序渐进原则

教师应该层层递进地进行英语文化教学，逐步增加深度和广度，并且，所选择的文化内容应符合学生的实际能力。在文化教学的初始阶段，教师可以日常生活的主流文化为主。在中间阶段，教师可以教授文化差异带来的词语的内涵差异及其运用差异。在最后阶段，教师可以渗透一些文化差异导致的思维方式、心理方式和语言表达差异，使学生更深层次地了解英语文化。

3. 相关和适用原则

英语涉及的文化内容是丰富多彩的，但是，不可能都作为文化教学的内容，毕竟时间、人力都有限。所以，教师必须选择那些与学生日常生活密切相关的文化内容，这样有助于激发学生的积极性。另外，教师还要选择那些在跨文化交际中需要的文化内容，因为英语终究要为交际服务。

4. 以理解为目标原则

以理解为目标的原则意味着学生能够以客观、开放的心态接受、理解母语文化和英语文化的差异，并能得体地进行跨文化交际。没有文化理解，双语交流就无从谈起。这就要求教师在进行文化教学时充分说明母语文化和英语文化差异产生的根源，并且，在进行教学评价时不能简单地用母语文化中的价值观去评价英语文化。

5. 普遍性原则

英语文化教学必须遵循普遍性原则，因为世界上使用英语的国家很多，每个国家和民族在语言文化方面都有其共同点和特殊之处，而我们要教授的应该是英语国家所共有的文化知识和模式，而不是某一个民族或群体所特有的地域文化，更不是单独的或个别的文化现象。当然，我们也要涉及语言文化和非语言文化中有代表性的、典型的或有广泛影响力的民族文化。

6. 理论结合实践原则

理论结合实践原则强调教师在进行文化教学时，不仅要向学生传授文化知识，还要为他们创设一定的情境，使他们能够运用所学的文化知识。学生只有在运用了知识以后，才能加深对它们的理解。单纯的文化知识讲解并不能有效地提高学生的语言运用能力，学习的最终目的是运用，也就是"学以致用"。如果文化教学一味地以"输入"为主要方式，那么结果就是学生记忆了许多文化知识，但是，在进行跨文化交际中仍然屡屡受挫。因此,理论结合实践是学习的一条黄金法则。

7. 对比原则

对比既是教学方法的根本,也是文化教学的原则。学生只有在母语文化和英语文化的对比当中才能深刻感受到二者的共性和差异性。例如,某词语在汉语和英语中的概念意义和内涵意义基本相同,或者某词语在两种语言文化中的概念意义相同,然而内涵意义有区别,再或者某词语在两种语言文化中的概念意义相同,但是,只在一种语言中有内涵意义。以上情况是普遍存在的,并且是通过对比可以被发现和理解的。

8. 交际原则

文化教学的重点是跨文化交际教学,目的是培养学生在实际跨文化语境中的交际能力。因此,文化教学应充分考虑教学内容的"交际性"。就文化词汇而言,教学的重点应是词汇所蕴含目的语文化的部分语义;就语言交际而言,教师需要教授的是跨文化交际中容易引起文化误解甚至是文化冲突的文化知识。

(三)英语跨文化教育的实施策略

英语跨文化教学经过众多学者的深入研究,也在不断地发展,尤其是跨文化教学策略有了突破性的进展。经过整理和分析得知,最新的跨文化教学策略大致包括以下几种:

1. 文化对比法

文化对比法是指在进行文化教学时,将母语文化和英语文化进行对比讲解,从而提高学生对母语文化和外语文化差异性的敏感度。中国和西方由于不同的历史沉淀,形成了不同的文化和社会习俗等。为了更好地了解西方文化,高校英语教师往往采用中西方文化对比的方法进行文化教学,这样使得学生对目的语文化更加明白和清楚,从而避免引起交际中的误解。在高校英语课堂中,根据教材内容,教师向学生传授中西方文化差异,这样能够促进学生学习更多的西方文化知识,进而增强跨文化交际的能力。

2. 直接导入法

直接导入法是指在语言教学的过程中直接导入文化背景知识的介绍。在这种情况下,教师应当发挥其主导作用,可在课前或是讲解课文之前给学生介绍文化背景知识，帮助学生更好地理解课文内容，同时丰富学生的文化知识储备，这就需要教师在课前做好准备工作，搜集一些与教学内容相关的、典型的文化信息材料，并将其恰当地应用到课堂之中。在语言知识教学中，教师导入文化知识既能增加教学的趣味性，激发学生的学习兴趣，活跃课堂气氛，又能增加学生学习的广度和深度。

3. 融合法

融合法就是在语言教学的过程中融入文化教学的知识目标、态度目标、能力目标等内容，让学生在学习语言知识和技能的同时不自觉地掌握文化知识。具体来说，就是在编写文化题材的课文和语言材料时，采取文化会话、文化合作、文化表演、文化交流等方式进行外语课堂教学。这种方法要求在教材和教学方法中系统、恰当地将文化知识融入课文与教学中去。语言知识存在一定的规律性。例如，学生要先学习名词的单数形式，才能学习名词复数的变化规则。因此，在教学实践中，教师可以将融合法与附加法结合使用，融合法可以将文化态度的教学目标融入课文中去，附加法则可保证文化教学的完整性。

4. 直观感受法

直观感受法即通过各种媒体手段，如电影、电视等，为学生提供多种不同的文化背景知识。现在借助电视、电影、网络等媒体，我们可以观看许多国外的影片和影视剧等。这些影视资料可以让我们更直观地了解西方的社会生活、风俗习惯、语言特色和体态语言等。

5. 充分利用外籍教师资源

与英语人士频繁接触以及听英语人士授课对于英语的学习是非常有必要的。学生在与外籍教师接触的过程中，可以学会纯正的语音、地道的语言表达方式，还能了解到课堂上学不到的社会文化背景知识。在什么场合应该表达什么样的语言内容、应该作出什么样的反应以及一些非语言的交际手段等都属于文化背景知识的范畴。外籍教师作为两种不同文化的中介者、解释者，能够从自己的经验出发，生动、形象地向学生展示中西方文化的区别，从而使得学生尽量不用本族的文化标准来衡量外族文化。另外，学校聘请的外籍教师还可以有针对性地介绍一些自己国家的文化生活、社会情况、风土人情等。通过与外教接触，学生对文化差异会获得一种更加直观的感受，这有助于培养学生的跨文化意识。

6. 附加法

附加法是指在英语教学中系统地添加一些文化知识内容，作为英语教材的附加内容。附加法的形式多种多样，可以在教材中专门设立文化专栏，在课外组织参观文化展览，举办以英语文化为主题的讲座，或是组织文化表演等。附加的文化知识有助于学生系统地掌握英语国家的基础文化知识，它既可以是单独的文化知识读本，也可以附加在英语教材之中。教师可以向学生推荐有关英语国家文化背景的书籍，并以书中内容为主题开展问答讨论、戏剧表演、知识竞赛等活动。

第三节 构建跨文化交际的高校英语教学模式

一、高校英语教学模式分析

近年来，我国教育事业发展迅速，对大学英语课程教学提出了更高的要求。因此，为了适应社会需求和学生未来学习能力的提升，各大院校开始积极进行教学改革实践。随着高校英语教学的新一轮深化改革，高校英语教学模式在发生着变化，大学英语教师和学术界都在积极地寻找和尝试新的教学模式。从宏观角度观察，新教学模式改革的探索展现出了以下特点和趋势：

第一，在新的高校教学模式中，对于学生的目标导向逐渐转向于培养学生的高阶能力。高阶能力与低阶能力相对，低阶能力主要是指学生对于知识、技能的掌握能力，高阶能力即学生学习高阶知识、发展高阶思维、实现知识迁移的能力，学生运用高阶思维进行学习的能力，学生求解问题、制定决策的能力，学生具有的批判性思维和创造性思维的能力，学生分析、评价、创造等方面的能力。总体来说，高阶能力主要是指以高级思维为核心，处理结构性问题或复杂任务时所展现出的心理特征。

第二，高校英语的教学模式要以建构主义教学理念为主导。它主张以学生为中心，学习是通过主体对客体信息的加工和处理来完成的，强调在一定情境中进行意义建构，并把这一观念贯穿于整个教育活动。建构主义是对客观主义的反思、质疑、批判、超越和制衡而兴起的一种哲学观，又被称为"建构—阐释"主义。以建构主义理念为主导的课程观是开放和整合的，视课程为一个不断变化的、动态的教学过程。建构主义教学观反映了多种观点，它认为，在教学之中，学生始终处于中心地位，是知识的建构者，他们运用各种工具主动探索各种知识信息，而教师只是起到帮促与合作的作用。教师与学生之间并不是毫无交流的，二者之间是平等的、和谐的互动对话关系。在以建构主义理念为主导的高校英语教学模式中，学生的学习技能、社会性和交际性技能、学习过程、自我探究都被教学评价所重视。

第三，新的高校教学模式的发展趋势为实践与知识相结合，即知行合一。知行合一就是指致力于将理论知识与实际操作相结合，旨在推动并培育学生的实践能力。

第四，采用多样化的教学组织形式和方法。新的高校教学模式需要将多种教学方法整合到自己的教学模式中，采用多样化的教学组织形式和方法。例如，教师可以结合具体情境设计相应的问题进行引导与训练，激发学生的探究欲望，增强其创新意识和创新能力，向"做中学""例中学""探中学"的方向发展，同时也要扩展"自助式、讨论式、研究式"的教学组织形式。"做中学"的理念是以具体的活动任务或项目作为教学目标，通过构建多样化的学习场景，使学生能够体验到丰富的学习过程，并在这些体验中进行学习；"例中学"的理念是通过具体的案例或实例，引导学生进行深入的分析、模仿和学习；"探中学"的理念是以特定的主题、问题或专题作为导向，鼓励学生进行深入的研究，并从他们的发现中吸取知识。

第五，学习方式变得越来越多样化，如协作式学习、探究式学习等。尽管这些学习方式看起来多种多样，但是归根结底，它们都可以归纳为创新性学习。创新性学习，就是指以启发式的教学方法为导向，激励学生在知识构建和问题解决方面不断地寻求创新解决方案，从而培养他们的实践和创新能力。

第六，在现代化社会中，现代化的教学工具（如多媒体、计算机和网络）也逐渐被广泛应用，在新的高校教学模式探索中，这些教学工具的使用也是一个十分重要的特点。

第七，要采用弹性、灵活的教学过程设计。对于教师来说，每一个教师的学历背景、教学风格、教学理解和面临的教学情境都有所不同。在教学过程中，教师要重视学生和教师的主体意义，承认教学的复杂性和独特性，充分发挥自身的创造性，在设计教学过程的时候要尽可能灵活、弹性地加以设计。

第八，在高校新的教学模式下，在对学生进行教学时，教师对于学生要注意加强个性化培养，因材施教，在教学评价上也是如此，要对学生进行多样化的考查，目的是促进学生的全面发展。

通过上述的分析，我们可以明显看到，随着现代科学技术的发展和国际交流与合作日益频繁，英语教学必须适应社会发展需要，并进行改革，才能更好地提高教学质量。因此，建立适应现代教育发展需要的新型模式成为当务之急。在此背景下，新的教学模式明显展现了其独特的优点。例如，强调学生对知识的建构、以提高学生的高级技能为目标、培养学生的实践能力、激励学生的积极探索和创新思维等。

二、跨文化交际的高校英语教学模式

在当今，要培养跨文化交际人才，满足社会对跨文化交际人才的需要，就必须构建新型的高校英语教学模式。这一模式要求教师通过各种途径来提高学生的语言应用能力和文化意识，从而实现培养学生跨文化交际能力的目的。以下从教学目标及内容、教学原则、教学评价三个方面对跨文化交际的高校英语教学模式加以具体阐述。

（一）教学目标及内容

在过去的 20 年中，跨文化外语教学在美国和欧洲等国家得到了迅速的发展。关于跨文化外语教学，尽管不同国家在术语的使用上存在差异，但其外语教学方法有许多相似之处。通过将这些理论与我国的现实情况相结合，我国跨文化外语教学的总体目标主要为提高学生的语言能力、交际能力和跨文化交际能力。

语言能力涵盖了语音、词汇、语法等方面的语言知识，以及听、说、读、写、译的各种技能。交际能力是指能够正确且恰当地进行交际活动的能力，涵盖了语言能力和语用能力。跨文化交际能力是指跨越民族、种族或国家界限，在同一文化背景下，根据各种不同的语境运用语言知识与技能进行交流和沟通的能力。

在跨文化英语教学中，学生学习目的语语言和文化，掌握了目的语语言的知识和技能，就能够通过自己所掌握的与目的语语言群体进行沟通交流。因此，作为英语教育者，我们应该重视对学生跨文化意识和能力的培养，提高他们运用英语进行实际交流的技能。在跨文化英语学习过程中，学生不仅能够了解、应用英语，还能够更加深入地反思自己的母语，将母语与英语相互比较，从而掌握语言的基本规律，理解文化的构成、作用和发展规律，认识到语言与社会及文化的紧密联系。通过交流，学生可以更好地体验目标文化，在比较中，更好地了解双方文化，了解双方的文化差异，培养对目的文化的移情态度，加强对文化差异的敏感性，更好地调适解决跨文化交际中可能出现的各种问题。

在教学内容中，语言、文化与跨文化交际三者之间的联系十分紧密，是相互渗透的关系。其中，语言知识与文化知识是跨文化交流的基础，而在跨文化交流的过程中，也在不断地应用语言与文化知识，为其提供了实践的机会。在实践应用语言与文化知识的过程中，跨文化意识也在逐渐地提升，为之后知识的学习和实践做好了思想准备，同时，跨文化交际能力也在跨文化实践中不断地被培养提升。

霍尔强调，学生在了解了本国母语文化与外国文化的差异之后，通过不断地对比，一般情况下，就会对外国文化产生兴趣，这种兴趣与好奇也是其了解外国文化的最好驱动力。

在跨文化外语教学中，语言与文化是不可分割的，对于语言和文化的教学不能孤立地进行，而是应该紧密结合。语言是一个民族在历史发展中不断演变而成的，语言包含了一个民族历史发展的轨迹，文化元素十分丰富，无论是语音、词汇还是句法，都蕴含着深厚的文化意义。语言反映了文化，而文化则为语言的存在和应用提供了一个赖以生存的环境。在跨文化英语教学中，对语言的学习也就是对文化的学习，二者是不可分割的，也是相辅相成的目标和手段。因此，教师应该在语言教学中融入文化元素，使语言教学与丰富的文化教学内容相结合，使学生能够深入感受真实的文化，从而体会到更加生动的语言，并真正地享受学习的乐趣。

（二）教学原则

通过上面内容，大概可知，跨文化教学需要遵循语言和文化教学相结合的整体性原则、文化教学平衡性原则，除此之外，还需要遵循以下两条原则：

1. 以学生为中心，培养学生自主学习能力

在跨文化英语教学中，要始终以学生为中心，学生始终占据教学过程中的主体地位。这不仅是跨文化英语教学需要遵循的原则，在任何教学中都要遵循这个原则。在进行跨文化的英语教学时，培养学生的跨文化交流能力是以学生为中心的，围绕着学生的需要进行。学生在语言和文化学习中的需要、体验、态度和能力等方面都被纳入了教学设计的重要考量范围。教师应该根据学生的个体差异和他们所掌握的知识水平来制定适合于不同学生的教学策略。"以学生为中心"的理念强调要根据每个学生的特点进行教学，即因材施教。因此，如何根据学生的差异实施个性化教学策略成为英语教学研究的重点课题。每个学生在学习风格、方法和能力上都存在差异，在教学过程中，教师应根据学生的具体需求来选择最适合的教学方法并给予适当的指导。只有这样才能达到提高学习效果的目的。从这个意义上说，自主学习能力是指学生能根据自身的特点进行选择，并利用这些条件实现自我价值的一种综合能力。对于跨文化的外语教学来说，自主学习的能力显得尤为关键。这不仅是因为教育的一个核心培养目标是培养学生的终身学习观念，还因为跨文化学习的内容繁多，仅仅依赖教师的指导是远远不够的，真正的教学目标是培养学生的学习能力，这是一种可以持续发展的能力，正所谓"授人以鱼，不如授人以渔"。

2. 互动性原则

在跨文化英语教学中，教师还需要遵循互动性原则。在教学中，互动性原则往往可以提高学生对学习的兴趣和积极性，促进师生间的情感交流，有利于培养学生的综合素质和能力，有助于实现素质教育目标。在跨文化英语教学中，这个互动性原则所说的互动性包含多种含义，既包括教师与学生之间的互动性，还包括中国文化与西方文化的互动性、语言与文化的互动性等。在跨文化英语教学过程中，我们应该从一个发展的角度来看待语言和文化，这两者是不断变化和相互影响的。随着时代的发展，跨文化英语教学也应该紧跟时代的脚步，并在相互促进的过程中不断前行。随着社会的进步和科技的飞速发展，人们对外语的认识不断提高，英语已成为一种国际性交际语言，它的使用范围越来越广泛，在中西文化的交融中，特别是在当前全球化背景下，文化间的相互影响和共存变得尤为突

出，中西文化之间应该建立一个平等对话、互动共存的关系。跨文化的英语教学也应该遵循这一规律，充分发挥中外文化学习的相互促进作用。在教与学的过程中，这种新的教学模式更加强调在教学传播中的双向传递和互动。教师与学生之间是相互影响、相互促进的，教师的教学方式直接影响学生的学习进程，而学生的行为也会相应地影响教师的教学传播策略。跨文化交流本质上就要求进行文化的双向交流，语言也是在这种交流中逐渐形成和发展的。因此，在进行跨文化英语教学时，教师要充分激发学生的学习和参与热情，使他们不断地进行交流互动，从而取得优秀的教学成果。

（三）教学评价

文化是跨文化英语教学的主要目标和内容，但由于文化具有主观性和复杂性，因此对它的评价与测试变得尤为困难。在跨文化英语教学中，教师需要依据其特点找到一种与跨文化英语教学相适合的评价方式。在这种情况下，定性分析评价法应运而生，它是以"表现评价"和"真实评价"为基础的一种评价方式。这种定性分析评价方式可以对学生的学习态度、学习过程、努力程度、进步情况、最终成就等全面地、综合地作出评价，这样，学生也能够更加全面、清晰地认识自己，学生也有机会深入地反思自己的学习。这种评价还可以推动和引导学生走向自主学习的道路。

与终结性评价相比，形成性评价比较注重学习过程，更具有激励性，能够帮助学生更好地正视自己，更加全面地了解自己，培养学生的自信心，使学生更容易获得成就感，提高自己的学习热情和积极性。通过形成性评价，学生能够识别自己在学习过程中的问题并作出及时的调整，从而对自己的学习过程进行有效的管理调控，使学生过程更加适合自己，从而提高自己的学习效率与效果。

终结性评价与形成性评价各有各的优点与劣势，在跨文化英语教学中，应当将二者结合起来用于教学评价中，这样才能够更加客观、全面地开展教学评价与反馈，从而促进教学良性发展。

综上所述，高校英语跨文化教学模式如图4-3-1所示。

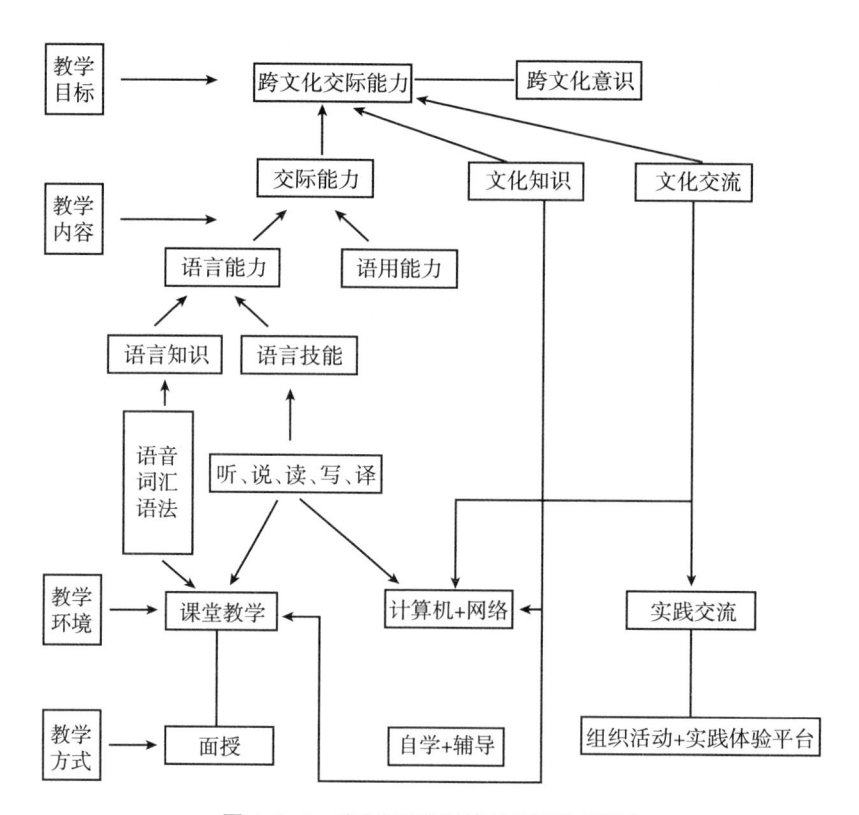

图 4-3-1 跨文化交际的高校英语教学模式

总体来说，在高校英语跨文化教学过程中，教师占据主导地位，是教学活动的组织者，学生占据主体地位，其采用的是融文化教学、语言教学等多种教学方式与手段为一体的教学模式，教学内容是英语的语言知识与文化知识、英语的语言技能以及跨文化交际等，基础目标是培养学生的交际能力，交际能力包含语言与语用能力，终极目标是培养学生的跨文化交际能力。

在计算机网络还未融入教学之时，在跨文化英语教学中，英语的语言与文化知识、语言技能以及文化交流教学活动等，主要是在课堂中进行。随着互联网的快速发展，这些教学活动可以通过计算机来完成。这两种教学手段结合起来，发挥各自优势，也能够更好地促进英语教学效率的提高。在课堂中，教师讲述"语音、词汇、语法"等语言知识以及文化知识，这样能够更好地使用语法翻译法来对一些基本的语言基础知识和语法基础知识进行讲解，也能够对文化知识进行必要的解释，使学生能够对其形成一个基本认知。计算机网络可以作为现实课堂的一个补充，教师可以鼓励学生在"计算机网络"中进行自主学习，自主利用计算机对所学的知识进行搜索、学习与思考，从而帮助其在头脑中建立起一个更加明晰的知识架构，促使其思维发展。在高校英语跨文化教学中，教师要根据不同知识与技能的特点选择适合其教学的环境。文化知识可以采用以教师课堂教学为主、计算机网络教学为辅的方式传授。针对"说"与"读"的技能的训练，在课堂教学中，教师可以对阅读文章的体裁、主题、梗概等进行讲解分析，向学生讲授其中的阅读技巧，还可以进行口语的互动。"计算机网络"环境也可以帮助学生进行口语发音训练以及阅读训练。针对"听"技能的训练，其需要多种听力素材，这种教学技能主要在"计算机网络"环境中教学，在课堂上教师辅助给予学生必要的听力方法与技巧的讲解即可，计算机网络中有着数不清的英语听力素材，而且计算机网络也能够为学生创造一个更加真实的、让人身临其境的听力环境。针对"写"和"译"的技能训练，应当主要以课堂教学为主，同时计算机网络环境作为辅助，这主要是因为关于写作和翻译少不了教师的指导，而且相比起其他的技能训练，在这两种技能训练中，教师所发挥的作用是极大的。在高校跨文化英语教学中，文化交流是一项十分重要的内容，在英语跨文化教学中，学生所掌握的知识内容与技能都需要通过文化交流传播来进行实践。文化交流活动既可以在现实交流活动中进行，也可以在"计算机网络"中进行。在实践交流活动中，学生能够真正地体验到不同文化之间的差异，教师能够对学生的实践交流内容加以指导，从而培养学生的文化敏感性与跨文化交流意识。学生也能够了解在不同文化差异情况下发生的一些问题，从而在实践中学会处理这些问题，并做好对自我的调适。另外，除了在"计算机网络"中可以开展文化交流之外，还有一些其他的文化交流形式，比如，参加国际会议或活动、参加对外交流活动、建立实体的实践交流体验中心以及跨文化实践交流体验平台等。

　　高校英语跨文化教学模式是一种比较全面、立体的教学模式，它的教学手段、教学环境、教学方法、教学内容等是多元化的、丰富的，能够更好地激起学生的学习兴趣，从而更好地培养跨文化传播人才，满足我国在跨文化交往中跨文化传播的需要。

第四节　跨文化视域下高校英语教师的专业发展

一、跨文化视角下英语教师专业素养

（一）展望世界，培育跨文化教师专业意识

随着社会的发展，现今对高校英语教师的要求也逐渐提高。高校英语教师不仅要具备与英语语言以及语法相关的知识，还必须具备多元文化意识，这样才能更好地洞悉不同语言的文化以及文化背后的故事，才能跟上世界的脚步。高校英语教师需要在当今文化背景下对语言进行解读，并且在对学生进行语言教学时将跨文化知识融入其中。

大学的英语教师应该要具备全球化意识。在当前全球化背景下，英语教师需要具有全球视野和国际视野，主动培养跨文化专业意识，从而更好地提高学生的跨文化交际能力。高校英语教师应当主动阅读高质量的英文文学作品，尤其是那些经典之作，通过广泛且深入的阅读来培养跨文化意识，从而增强自身的跨文化敏感性和自觉性。此外，高校英语教师还应当要有包容万物的胸襟，主动地接触和接纳外国的文化，体会其中的奥妙，并将适合中国的部分用于实际之中。

（二）积极学习，丰富教师跨文化专业知识

高校英语教师需要不断地、积极地学习，丰富自身的跨文化专业知识，不断提高自己的竞争力。高校可以通过加强对教师文化知识方面的培训，提高他们的综合素质。只有掌握了丰富的跨文化专业知识，教师才能够有更多的话语权，从而更好地提高自己的教学魅力，向学生传授更多的文化知识，武装学生的头脑，拓宽他们的视野，从而培育出具有多元文化素质的未来职业人士。

在如今多元文化环境下，跨文化教学是一场十分深刻的变革，与当今时代发展相符，与社会的发展需要相契合。英语是文化的载体，高校英语教师必须深入了解各种文化背景和多元文化知识，这样才能够教好学生。在学生与教师的人际互动中，多元文化知识也扮演了至关重要的角色。跨文化交际能力是衡量一个人

是否具有国际意识、能否成功融入国际社会的重要因素。只有那些拥有文化洞察力、具备文化视野的人，才能真正地融入文化社会。因此，大学英语教学应加强对师生跨文化交际能力的培养。只有掌握了文化知识的大学英语教师，才能在他们的教学过程中自然地融入这些知识，让学生深受其影响。教师也应不断学习与完善自己的知识结构。在这个文化多样化的时代背景下，教师不仅应该是外来文化的理解者，而且应该是本土文化的传播者，以及多元文化教育环境的创设者和行动者。

（三）加强科研，提高教师跨文化专业能力

对于当代人来说，具备文化敏感意识和跨文化交际能力已经变成一项十分必需的基础技能。高校英语教师应当重视和加强科学研究，并通过这些研究来增强跨文化专业技能。若不进行深入的理论研究和实践研究，只是依照书上的内容进行教学，那么所进行的教学活动就可能只停留在表面层次，无法深入；若参与了具体的理论与实践研究，却没有进行实践教学活动，那么科学研究就可能缺乏坚实的基础和支撑。高校英语教师必须积极参与相关科研活动，以提高多元文化的专业能力。在科研中，研究者通过文化的视角，开展实践、反思教学，在教学过程中不断调整教学方式方法，在实践中发现问题，并针对问题形成解决问题的方案，最后应用于教学实践中。教学与科研相辅相成，相互促进。教师可以通过参加校本研究和教学公开课等活动，投身科研活动；学校应鼓励英语教师积极参加相关研究。基于跨文化的科研与实践，将成为英语教师专业成长的新平台，促使我国高校英语教师走向国际化。

（四）大胆反思，促进教师跨文化专业创新

创新源于反思。因此，我国高校英语教师要大胆反思、大胆质疑，促进跨文化的专业创新。在跨文化专业成长过程中，教师要大胆质疑跨文化视野下的各种文化冲突，在问题与冲突中寻找教学突破与专业创新。高校英语教师只有通过反思，才可能发现自身教学的不足与问题，才可能发现自身在跨文化专业领域的局限性。教师应把英语教学理解为一门应用教学，培养学生的综合英语应用能力，包括英语的听、说、读、写能力，提高学生英语交际与实际应用能力。高校要鼓励教师大胆质疑，培养教师通过质疑产生批判意识与创新思维。

二、跨文化视角下英语教师角色定位

（一）教师是学生的关怀者

关怀是人的一种基本能力，在人与人相互交往时能转换成一种行为模式。教师有责任去关怀来自不同文化和语言背景下的所有学生，应致力于创设一个体现社会公平的教育制度，将学生的学业、情感及社会需要置于教学的中心。跨文化教育中的教师应从关怀者的角度出发，对所有学生寄予毫无偏见的期望，使学生得到心灵上的温暖；同时，学生在教师的关怀中也能成为一个会关怀他人的人，能更好地促进自身融入或者接受不同的文化社会。

教师成为关怀者要学会倾听学生心声，只有这样才能了解学生的状态，明晰学生需要怎样的关怀，建立与学生的信任关系。教师应以一种倾听的心态来了解学生，通过个人故事的讲述、家访、电话、书信等方式关怀学生，使学生体验到教师的关怀。教师的关怀激励了学生，使他们能够对自己的前途和发展充满自信。如果不基于倾听，那么教师与学生间的各方面差异就可能会使教师在一些方面错误地理解学生的意思，不能施加正确的关怀。因此，教师只有经常反省自己的关怀是否有偏向，才能客观地评价每一个学生。在进行关怀时，教师要注意倾听学生的愿望和需求，倾听学生的思想情感，倾听学生与他人之间的关系。只有建立在倾听基础上的关怀，才能达到最大的效应，才能让学生相信教师给予的关怀是发自内心的。教师将自己对学生的关怀实实在在地落实于自己的每一句话、每一个思想、每一个行为上，能让学生体会到教师给予的充分尊重。由此，学生能更容易接受关怀，并把蕴含其中的期望当作自己行动的动力。

（二）教师是跨文化的驾驭者

教师驾驭跨文化知识的能力直接影响课程实施的好坏，直接影响学生的学习情况。跨文化英语教师应具备多元文化教育观。随着世界的变化，面对文化矛盾，增进各种文化之间的相互理解至关重要。需要强调的是，必须破除与性别、民族、民族群体相关的成见，强调人类的基本相近性。在英语教学中，教师要充分认识到这一点的价值。

（三）教师是本土知识的传授者

教师不仅对其他族群文化要有相当的了解，也应该是本土知识的专家，对本土文化所蕴含的文化特色、价值观和思维、行为方式等要有深刻的认识。作为知识的引导者和文化的传承者，教师有责任将自己的本土文化知识融入课堂教学中，与学生进行平等的交流，可以为课堂教学提供更广阔的空间，同时有利于建立良好的师生关系。教师应该比其他人更重视本土知识的价值，并且懂得如何去发掘和研究本土知识。在教学过程中，教师应该尊重学生在本土社会中获得的知识，而不是否定和贬抑本土知识的价值。教师可以引导学生比较本土知识和书本知识这两种知识体系，理解它们与各自赖以生存的本土社会境域之间的内在关联，培养学生成为能够将各种知识和认识论融为一体，从而创造出新的认知方式和知识体系的人。

三、跨文化视角下英语教师的角色完善

在跨文化视角下，英语教师角色发生了变化。如何促进教师角色转换是跨文化教育的重要任务。这不仅是政府的职责，还需要学校的努力，以及教师个人不懈的追求。

（一）政府的职责

政府是主流文化的倡导者、文化建设的主导力量，加强文化建设、推动文化事业发展是政府的职责。面对文化发展趋势，政府应该发挥主导作用，制定相应政策，在发展主流文化的同时承认文化的差异性，不歧视异域文化，营造理解和信任的文化氛围，采取包容、平等和对话的方式促进文化事业的发展。通过政策的推动，方能培养出具有跨文化视野并肩负着传承、研究和创造文化使命的教师。教师应在政策的保障下提升素质，提高专业化水平，切实履行职责。为此，世界各国非常重视文化建设，各自依据国情制定出很多相应的文化政策。

推动文化发展历来是我国政府矢志不渝的追求，我们始终把文化建设放在党和国家全局工作的重要战略地位，我们的目标是以民族文化为主体、吸收外来有益文化、推动中华文化走向世界的文化开放格局进一步完善，同时要积极吸收、借鉴国外优秀文化成果，而且要求全面贯彻"双百"方针，充分承认文化差异的

存在和意义，并通过平等开放的心态鼓励"百家争鸣"，融入世界多样文化之中。造就高层次领军人物和高素质文化人才队伍，并加强基层文化人才队伍建设，这些政策足见政府对文化队伍建设的重视。这为教师在跨文化教育中的角色完善提供了政策和制度保障，为其履行角色职责创造了有利空间，为其发挥角色职能搭建了强有力的平台。

（二）学校的努力

学校教育是由专职人员、专门机构承担的有目的、有计划、有组织、有系统的，促进受教育者身心发展的教育活动。教师是学校教育的第一资源，离开教师或者缺乏优秀教师的学校难以肩负起培养人才的重任。

学校要不断更新观念，树立教师是第一资源的理念。树立以人为本的理念，把教师当作学校发展的第一资源，关心教师成长，满足其精神需求，是促进教师角色完善的第一步。学校文化氛围于无形间影响教师意识，潜移默化地影响教师的行为，其力量虽难以量化描述，却极其强大。

制度是要求学校内部人员共同遵守的规章或准则。制度具有指导性、程序性、规范性和约束性，同时具有鞭策性和激励性。学校制度规定教师的权利和义务，指导教师履行职责，规范和约束教师行为，激励教师发展。可见，制度建设是完善角色的重要保障。学校必须完善各项制度，特别是教师培训制度、评价制度、奖励制度，而且要加强制度的执行，让教师有章可循、有法可依，权益得到保护。

（三）教师的追求

教师角色完善最终落脚在教师个体身上。每位教师都要追求卓越，树立角色意识，充分理解多元文化中教师角色的多样性，加强学习，主动实践，提升素质。

教师角色意识是指教师对自身角色地位、角色行为规范和角色扮演的认识、理解与体验，不仅包括动态的教师对角色进行认识、理解的过程，也包括静态的教师对角色认识、理解的结果。树立角色意识是自觉完善角色的先导，角色意识影响着教师的教育行为，对教师角色成熟具有重要价值。明白角色地位和相应的角色行为规范，可以引导教师理解多元文化中教师角色多样性的自觉，使其主动在跨文化的语境中审视自身、要求自己、规范行为,同时养成自觉学习和主动实践的习惯。

学习是教师提升专业化水平走向角色成熟的必由之路。教师学习主要是指在一定人为努力或外部干预下的教师专业知识、能力的习得和提高。因此,教师应该在政府、学校政策和制度的保障下,加强对学科专业知识、教育教学知识、人文知识的学习,不单单向书本学习,还要向同行学习,更要在实践中学习;不但学习书本知识,还要学习实践性知识,积累经验,提升专业能力。

无论政府、学校还是教师个人,在完善多元文化教师角色的使命中发挥着不同的作用,三者缺一不可。政府是大政方针的制定者,是有力的保障;学校是政策的实施者,是具体制度的保障者;教师是角色完善的具体体现者。三者形成合力,承认文化差异,理解文化差异,吸纳多元文化,实施跨文化教育,才能使教师真正成为跨文化的理解者、本土文化的传承者、教育公平的实施者。

第五章　跨文化视域下的高校英语教学方法

在我国，高校英语教学模式一直在随着时代的发展而逐渐升级，为我国受教育人才的英语文化水平的提升而努力。本章将分别从词汇、语法、听说、阅读、写作和翻译多个角度切入，研究跨文化视域下高校英语教学方法。

第一节　跨文化视域下高校英语的词汇与语法教学

一、跨文化视域下高校英语词汇教学法

词汇教学是提高高校学生词汇能力和语言能力的重要途径。在跨文化视域下的词汇教学过程中，教师需要制定科学的教学策略，从而提升词汇教学的效果。

（一）广泛阅读法

英语词汇的学习绝对不能单纯地局限在高校英语课堂内，必须采取一些辅助方法（如广泛阅读等）来让学生更好地学习英语词汇，满足跨文化教学的要求。具体而言，采取广泛阅读的方法进行词汇教学时，高校英语教师可以扮演导入者的角色，合理地导入西方文化，向学生推荐并介绍与西方历史文化相关的书目、电视节目和报刊等，引导并鼓励学生进行广泛的英语阅读。这样一来，不仅能增加学生的课外阅读量，而且能扩展高校学生的知识面，还能促进学生对英语文化的认知。

（二）集中分散法

集中分散法是跨文化视域下进行词汇教学最为普遍的一种方法。这种方法具体指的是在词汇教学中实行集中速成记忆和分散巩固使用。之所以进行集中速成

记忆，主要是为了增强词汇的系统性，更充分地发挥智力因素的作用。需要注意的是，集中速成记忆虽然能够较为迅速地提升学生的非智力因素修养，但是学习强度比较大。

在进行集中教学后，教师要采取分散巩固的措施，具体是指将集中成组的词分散在词组、句子和文章中，让学生进行听、说、读、写等各项技能的训练。这样能够真正地将知识转化为技能，也更加有利于使词汇记忆由短暂性过渡到长久性。当然，从形式层面来看，分散是指将词汇教学由之前的集中在词汇课而分散到其他课和环节中。例如，在讲授某一教材中某一单元的内容时，教师应先让学生重点学习该单元的"课堂阅读"和"课后阅读"要求掌握的词汇以及结构，再引导学生围绕其中的一些主题或中心内容展开充分的联想，并尽可能地运用所学的词汇写出同该主题相关、内容连贯并能较充分地展示个人思想观点的段落、短文等。这种集中识词的方法充分借助构词知识、语义网络等系统，较好地规避了孤立地学习词汇造成的缺陷，科学、合理地对语言使用的教学过程进行了安排。这样有利于充分、有效地调动学生的积极性，并且能够使已经识记的词汇得到更好的复习运用，进而使这些词汇牢固地保留在记忆系统中。

（三）文化融入法

教师在以跨文化交际为视角展开词汇教学时，不应单纯地停留在词汇层面，或仅就词汇本身进行讨论，而应从更宏观的角度对词汇教学进行思考，认清词汇教学的本质其实就是目的语的教学，教授词汇其实也就是教授文化、交际、思考、学习和语言。教师如果以这样的思维进行考虑，就能够使词汇教学更具灵活性，并在开展词汇教学时更加关注词汇的文化背景。更进一步说，词义的问题通常就是文化和思维方式的问题。

教师在教授具体词汇时，应从文化层面给予学生有效的引导，引导学生从意义过渡到文化、从文化过渡到思维。在词汇教学中，教师与其费力地对具体词的多义性进行讲解，不如引导学生着眼于文化和思维这两个角度对词义转化的可能性进行推测。只有这样，才能促进学生对词义演变规律的掌握，从而更好地激发学生对词汇学习的兴趣。

除此之外，教师还应重视对词汇语用信息的呈现，对词汇意义中的文体意义、内涵意义、情感意义等方面的语用信息给予充分的重视,将这几大信息视为语言交际运用的关键因素,同时密切关注词汇在使用过程中的得体性。

(四)联想教学法

联想教学法也是跨文化视域下高校英语词汇教学使用得比较频繁的一种方法。具体而言,联想教学法就是在词汇教学的过程中帮助学生建立有效的联想,进而帮助学生学习词汇。例如,教师可以借助学生比较熟悉的事物或例子来有效地引导学生进行词汇联想学习,或者可以引导学生联想同英语国家的习俗和文化习惯相关的内容来帮助学生学习词汇。就"natural disaster"(自然灾害)这一词组来看,学生在识记该词组的真正意义之后,还可以以该词为基础,依次联想下面一系列与自然灾害相关的词汇,如"tsunami""earthquake""typhoon""mudflow""drought""flood"等。

(五)语言材料创新与文化内容融合法

当在跨文化视域下展开高校英语词汇教学时,教师可以借助语言材料的创新与文化内容融合的方法。在具体的高校英语词汇教学实践中,要想较好地让学生掌握相关的词汇文化知识,通常需要依托于语言材料。只有将文化内容同语言材料相结合,才能使学生更好地掌握词汇的内涵和意义。

从语言材料本身来看,高校英语教学应用的大多是有关历史事实的介绍、目的语文化习俗、词语典故等方面的材料。因此,为了更有效地激发学生的思维和学习兴趣,提高学生对文化差异的敏感性,教师需要对语言材料进行适时的开发和创新。例如,教师可以在实际的词汇教学实践中借助故事创作的情境来辅助英语词汇教学,也可以通过看电影、录像、举办专题讲座等方式辅助词汇教学。如此一来,就能让学生在听故事的同时理解、学习甚至应用单词,还能使学生的文化知识在生动、有趣的故事中得到强化。

总体来说,在跨文化视域下展开高校英语词汇教学,应对词汇背后的文化给予密切的关注。这些丰富的文化通常涉及多个方面,因此,教师要想引导学生熟练地输出,应先对英语的文化有比较深入的了解,包括英语国家的思维习惯、语言习惯等方面。同时,学生在英语学习时应重点培养自己的跨文化思维,这与高校英语词汇教学的目标(在教授词汇的同时向学生渗透文化)高度一致。

二、跨文化视域下高校英语语法教学法

语法就是英语中的词、词组、短语和分句的排列规则、规律和方式。学生要想掌握一门语言，就必须掌握其语法规则。同时，英语文化中蕴含的思维方式、价值观念等都可以通过语法来体现。因此，在高校英语语法教学过程中，教师应对其中的文化因素给予足够的重视。

高校英语语法教学旨在帮助学生获得英语内部结构的一般规律，在高校英语教学中有着重要的作用与地位，不仅有利于对学生英语知识与技能的培养，而且是提升学生交际能力的基础。

（一）演绎教学法

由于语法教学具有抽象性特点，因此运用演绎教学法进行跨文化视域下的语法教学非常普遍和常见。这种教学法具体是指运用一般的原理对个别性论断进行证明的方法，演绎教学法的具体运用过程其实就是由一般到特殊的过程。当运用该方法进行语法教学时，教师可以先简单地向学生介绍抽象的语法概念，然后进行举例分析和说明，将这些具有抽象性特点的概念引用到具体的语言材料中，并借助大量类似的练习材料，帮助学生学会独立地运用这些语法点。例如，在讲授情态动词这一语法现象时，教师可以将一些比较常见的情态动词的可能性大小演绎出来，如图5-1-1所示。

需要说明的是，图5-1-1中列出的表示推测性用法的情态动词本身并没有时间上的差异。

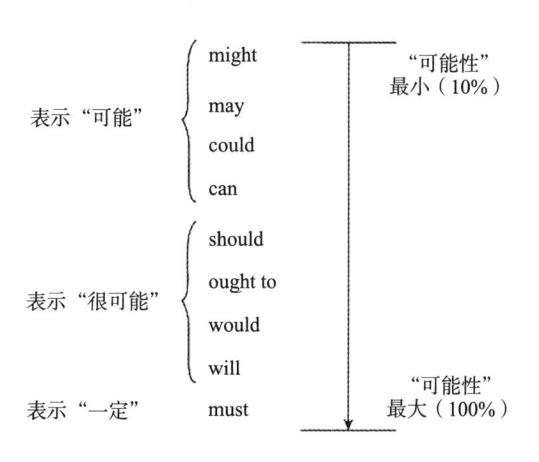

表示"可能" { might / may / could / can } "可能性"最小（10%）

表示"很可能" { should / ought to / would / will }

表示"一定" must "可能性"最大（100%）

图5-1-1 常见情态动词"可能性大小"演绎示意图

（二）微课程教学法

随着"互联网+"时代的发展和国家间跨文化交流的日益频繁，语言教学模式、教学方法等也应进行相应的革新和变化。与此同时，还应结合、借鉴传统意义层面的翻译法、讲授法等教学法的经验，并充分考虑高校学生的个性化需求和特点，展开与时代发展相适应的高校英语语法教学。微课程教学法就是一种结合当前高校学生热衷的笔记本电脑、智能手机等移动终端设备，通过利用这些设备获取文字、图片，并随时随地观看视频这一特点而进行的比较有意义、有价值的语法教学方法的实践和尝试。

具体而言，微课程教学法是指以"云环境"背景为依托，并倡导"导学一体"基本模式的教学方法，具体包括三个模块：课前自主学习任务单、配套学习资源、课堂教学方式的创新。其中，课前自主学习任务单具体指的是教师指导学生进行自主学习的方式，这一模块的自主学习任务单对于教学活动具有导向作用。配套的学习资源具体是指微视频，这种类型的资源具有短小精悍、主题突出、便于运用等特点。关于课堂教学方式的创新，教师在具体的教学中可采用灵活多样的方式，如小组间的竞争、小组或同伴间的合作学习、教师的点评、小组间的互评等，以尽可能地激发学生的学习兴趣，培养高校生的团结协作和创新精神。

为了对该课程教学模式有更深入、更清晰的认识，下面对以建构主义学习理论为指导的微课程教学法的教学模式进行简要分析，具体如图 5-1-2 所示。

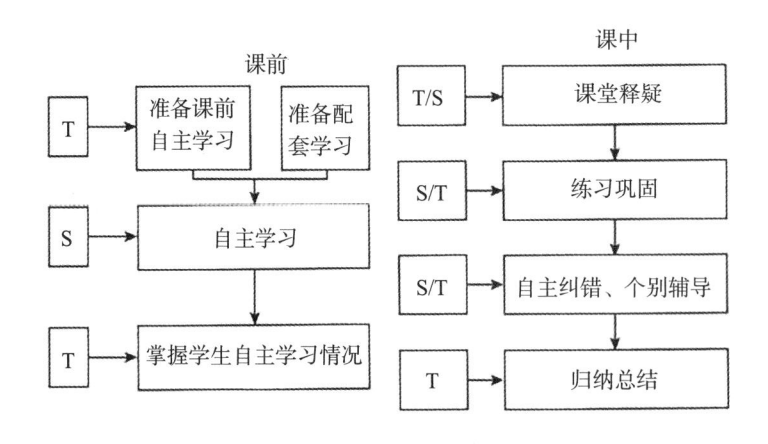

图 5-1-2 微课程教学法的教学模式

1. 课前三环节

（1）制作任务单，并创建与任务单相匹配的学习资源

在制作任务单之前，应做好充分的准备工作。首先，明确任务单的主题，然后在对任务单的主题有清晰、明确的把握和认识的基础上，深入地调查和研究教材上的具体内容和学生已有的语法知识情况。其次，将语法知识的重难点和学生整体掌握相对比较差的语法知识点挑选出来。最后，结合所选知识点创建与任务单相匹配的学习资源。其中，相匹配的学习资源应主要以"微课"的形式出现，并且应能够将内容呈现清楚。具体而言，教师可以借助多样化的形式（如图片、表格等）将学习资源呈现出来，时间的长度应尽可能地控制在 10 分钟以内。

需要注意的是，为了更好地优化英语语法教学和学习的效果，教师通常应提前将这些学习资源和任务单发给学生。

（2）学生自主学习

上述提及的一些任务单、配套学习资源都可以通过现场拷贝、班级群共享等方式提供给学生。这样一来，学生可以自主地开展课前学习，提前对任务单上罗列的任务产生明确的认识，并且还能将在自主学习过程中遇到的一些问题提前记录在任务单下方，然后将之交给教师。

（3）教师掌握学生的自主学习情况

在上述两个环节的基础上，教师能够对任务单的完成情况和学生遇到的一些问题有一个整体性的认识。这样一来，教师不仅能够根据具体情况进行课堂教学准备，还能够提高教学的针对性和目的性。

2. 课中的四大步骤

微课程教学法在课中包括以下四个步骤：

（1）释疑拓展

释疑拓展具体是指教师应以学生的任务完成情况和遇到的问题为参照，在课堂上针对学生遇到的问题进行详细讲解，同时可以根据学生的实际情况对某一语法点进行延伸或拓展。

（2）练习巩固

练习巩固具体指的是教师分配课堂任务作业，先让学生独立完成，然后进行

组内讨论，最终完成指定的题项。通常情况下，教师可以安排小组代表上台为全班学生讲解解题的答案和过程，以便对所学的语法点进行巩固和强化。

（3）自主纠错、个别辅导

在"自主纠错、个别辅导"这一步骤中，教师应要求学生对其语法失误进行自主分析，并查找失误的原因。如果学生遇到了一些疑难问题，就可以向教师请教，教师可以对其进行有针对性的指导。

（4）归纳总结

在课堂结束之际，教师应对本节课的所有语法知识点进行相应的归纳和总结。

（三）语境教学法

任何语法都是在具体的语境运用过程中呈现的，因此，与具体的语境相结合来阐释语法知识是使用频率比较高的语法教学法。学生在语境中对语法规则进行体验、感悟、总结和运用，不仅能够很好地学以致用，而且能够提升其交际能力，这是同跨文化视域下的高校英语语法教学理念相一致的。

在跨文化交际过程中，语境通常比较复杂，并且关涉不同语言、不同文化背景下人们的交际语境。

以下就结合三种利用语境来设计的英语语法教学方式进行具体分析：

1. 借助语篇来设计语境

语篇是包含特定语境的各类语法形式的有机组合形式。基于语篇的这一特点进行考虑，语篇能够为语法规则的归纳、比较、总结等提供较好的上下文语境。高校英语语法教学中的一些常见的语法知识点和项目，如冠词的使用、时态、主谓一致关系和非限定性动词的使用等，通常应置于一定的上下文语境中。只有置于特定的语境中来讲授这些语法知识，才能更加充分地体现这些语法项目蕴含的意义。

借助语篇来设计语境，能够让学生在一个比较高的层面上对时态的意义和用法进行全面的把握。需要注意的是，借助这种方法来教授语法，也对教师提出了更高的要求，要求教师精心地设计和选择语篇，并进行充分的备课。

2. 借助多媒体教学手段来设计语境

考虑到多媒体集图、文、声、像于一体这一优势，借助多媒体能够为语法规则的学习和教学提供使用语言和用语言进行交际的具体情境，并且能够使静态且枯燥的语法知识变得更加立体、富有趣味，进而充分调动学生学习的主动性和积极性。教师可以有效地运用多媒体手段，制作一些简单的动画或者播放与教学内容相关的情景短片，使实际的交际场景得以再现，或者借助于巧妙的课堂设计，让学生在对情景语境的模拟中来反复使用语法规则，对这些语法规则的用法意义进行体会、比较、感知和总结，进而达到完全掌握语法知识这一最终目的。

3.借助现实场景来设计语境

高校英语语法教学发生在特定的时空，是在师生之间展开的。一些从表面上看似单调、乏味的日常教学事实，大多蕴含着鲜活的情景语境。因此，教师应学会善于发现并对这些现实场景进行充分利用，同时结合语法规则的特点来设计语境。

以祈使句这一语法项目的讲解为例，祈使句的主要功能为表达命令、指示和请求，也可以用来表示劝告、建议、祝愿、欢迎等意义。现代英语中的祈使句又可以分为第二人称祈使句和第一人称、第三人称祈使句两大类型。其中，第二人称祈使句将听话人"you"作为祈使对象，而且"you"通常并不显现出来。第一人称、第三人称祈使句通常是以"let"为引导词，其中第一人称的祈使句以说话者自己"me"为祈使对象，第三人称祈使句以"him"或"them"为祈使对象。在具体的语法教学中，教师可以利用师生间、学生间的身份并配合不同的场景来开展相应的情境教学。

（四）练习法

语法教学作为跨文化视域下语言教学中的一项重要内容，其最终目的是让学生将语言知识运用到实际中，从而更好地培养学生的综合素质和能力。为此，高校英语语法教学需要教师对语法练习进行科学、合理的选择和设置，有效地组织学生进行语法项目的操练。但是，采用练习法来操练语法项目并不是盲目进行的，而是分阶段进行的，通常需要遵循循序渐进的原则以使学生达到熟练应用的目的。

一般而言，学生需要先通过模仿、替换、不断重复来进行机械式的训练。机械式训练通常要求学生不必理解句子的含义就能作出迅速、正确的反应。然后，学生需要通过造句、仿句、改句、改错、翻译等方式来进行内化训练。内化训练通常要求学生围绕教学内容进行练习，达到熟记、理解的程度，并能作出正确的反应。最后，教师可以借助场景对话或问答形式之类的口语训练进行交际操作训练，使学生能够综合运用所学的语法知识，并能组织语言迅速作出反应和回答问题。

第二节　跨文化视域下高校英语的听说与阅读教学

一、跨文化视域下高校英语听说教学法

（一）高校英语听力教学方法

学生仅掌握语法和词汇知识是不能顺利完成跨文化交际的，还需要提升自己的听力理解能力。因此，教师有必要寻找能够有效提升学生跨文化交际能力的英语听力教学法。

1. 多媒体辅助英语听力教学

多媒体辅助英语听力教学是一种特殊的英语听力教学方法，与传统的听力教学方法有所不同。

当代高校学生学习英语的根本目的是运用英语进行跨文化交际。这是语言学习的本质，也是高校英语听力教学的最终目标。因此，听力理解与口语表达的训练必须紧密联系在一起，不可单独进行。在此背景下，多媒体辅助英语听力教学应运而生。

多媒体辅助英语听力教学符合语言教学的规律，能够充分调动学生的听觉、视觉，并与口语表达结合在一起，在形象生动的环境中，提高学生的英语运用和交际能力。而为这种教学方法提供硬件支持的便是多媒体语音实验室。

在多媒体语音实验室中，音视频系统、语言测试系统、网络系统和电脑磁盘信息输出系统等使听力教学变得更加形象和直观。学生在进行听力训练的同时，能够从直观的形象中获取到更多与听力材料有关的文化信息，这对于学生了解文化间的差异、增强对文化差异的敏感性有很大的作用，也为其口语交际提供了更多的表达方向。

多媒体语音实验室的类型有许多，如听说型语言实验室、视听说对比型语言实验室、听说对比型语言实验室、听音型语言实验室等。随着网络信息技术的发展，近几年还出现了数字语音实验室、移动语音实验室、无线语音实验室等新型的语音实验室。这种听力教学环境对于提高学生的听力理解能力、感知能力、创造能力和交流能力有极大的促进作用。

2. 三段式教学法

三段式教学法是在任务教学法、交际教学法和图式理论的基础上发展起来的跨文化语言教学方法。20世纪70年代，英国伊林高等教育学院听力教学法专家玛丽·安德伍德（Mary Underwood）就通过研究听力理论和记忆心理规律，将听力教学分为三个阶段，即听前阶段、听时阶段和听后阶段，并且每一阶段都有一个清晰的、具体的教学任务。这种听力教学方法受到了国内外的广泛关注。之后，随着语言学理论、教育学理论的发展和英语听力教学地位的提高，三段式教学法逐渐被人们所熟知。

（1）听前阶段

听前阶段的主要任务是激活学生头脑中原有的词汇图式和语言背景知识，使其集中注意力，做好听前准备。在听前阶段有以下三种导入方式：

①实例、图片导入。在练习一些以真实的对话、新闻、故事等为内容的听力材料时，教师不仅可以收集与之相关的实例或图片进行课前导入，还可以创设真实的语言场景，并针对场景进行提问。这一活动的目的是帮助学生根据已有经验进行合理预测。

②视频、歌曲导入。在听力训练开始前播放英文视频或歌曲，能够使课堂气氛更加活跃。同时，英文视频、歌曲也是英语文化的重要组成部分，对于提高学生学习英语的热情有很大帮助。

③关键词导入。导入听力材料中的关键词是一种降低听力训练难度的有效方法。

（2）听时阶段

听时阶段的主要任务是提高学生引出问题及解决问题的技能。教师应根据学生的英语水平较好地把握听力材料和听力任务的难度，使其既有挑战性，又不会打击学生听力训练的积极性。在听时阶段，教师要做好以下三个方面：

①教师要有针对性地选择与学生英语听力水平相符的听力题型。

②指导学生提取关键词句，以掌握文章的中心思想。

③培养学生的听力技巧，如速记等。

（3）听后阶段

在听后阶段，教师可以根据听力材料内容指导学生进行拓展练习。例如，角色扮演、对话练习、问题讨论、写作等任务练习。拓展练习的目的是帮助学生回顾听力材料中的语音语法、词汇、句子表达等，检查及测试听时的记忆情况，以便更好地完成听力教学任务，实现学生的全面发展。

总体来说，在高校英语听力教学中应用三段式教学法，需要注意以下三点：

①每个阶段的教学活动都要与听力训练具有相关性，同时还要具有多样性和趣味性。

②提高学生的听力技能、培养学生的听力兴趣是听力教学的主要任务。同时，听力教学活动不能只培养听的技能，还要给学生创造交际的机会。

③听力难度要符合学生当前的语言水平，教师可以根据实际情况对听力教材进行一定的修改。

3.策略教学法

高校英语听力教学实践是一个不断变化发展的过程。早期的视听教学认为，听力理解的能力无法通过教育获得，听力能力是在逐渐积累和融会贯通中掌握的。之后，经过一段时期发展的英语听力课开始使用一些带有听力理解题的篇章作为听力材料。随着跨文化交际的发展和英语地位的提高，人们逐渐开始关注听力的策略问题，教师在英语听力教学中也开始有意识地教授学生如何有效地去"听"。

语言教育学家奥马利（O'Malley）和查莫特（Chamot）对学习策略的研究在教育学界产生了巨大影响。他们将语言学习策略分为三种类型，即元认知策略、认知策略、交际情感策略。其中，有效使用元认知策略对语言的学习具有重要意义。这一策略能够指导学生对整个语言学习过程进行思考，并通过对认知活动的计划、监控，培养学生的预见能力，同时能够指导学生在认知活动完成后进行自我评估。要想使学生提高听力理解的能力，就要加强听力策略意识，加强对元认知策略的使用。策略教学法可以解释为"源于策略指导的一种教学方法"。策略教学法的教学目标是教会学生"听"的技巧和策略。

在运用策略教学法进行英语听力教学时，教师首先要使学生明确语言是如何发挥功能的，其次使学生形成听力"策略意识"，最后指导学生掌握更多的听力策略，以完成听力任务。

英语听力材料的形式多种多样，涉及的内容主题也十分丰富。通过对众多的英语听力材料进行对比和分类，往往能够发现某些听力材料在结构、逻辑等方面表现出相同的特色。这时，如果掌握了相应的听力策略，就能轻松地完成听力任务。常见的英语听力策略有精听、泛听、寻听、略听、预测，以下就对这五种听力策略进行简要分析：

（1）精听

精听策略对学生的听力水平有较高的要求。学生要在注意力高度集中的情况下，尽量听懂材料中的每一句话，甚至还要准确把握语音和语调。

在听力任务中，需要采用精听策略的题型常见的就是"听写"。学生只有听清材料录音或教师口述中的每一个词、每一句话，才能顺利写出原文，完成听力任务。除了"听写"以外，学唱英文歌曲和语音、语调模仿练习等任务同样需要掌握精听策略。

总体来说，精听策略的目的在于使学生熟悉目的语使用者的语音、语调等，同时帮助学生发现并纠正自己的发音问题，以提高听力理解能力。

（2）泛听

泛听策略不需要学生完全听懂材料中的每一个词、每一句话，只需要学生整体把握所听内容的主旨、大意即可。

需要采用泛听策略的常见听力任务有以下两种形式：

①标题探索。这种听力任务的主要目的是考查学生对听力材料大意的理解，具体包含以下几个步骤：

第一步，教师根据听力材料拟定几个主题，作为听力材料的备选标题。

第二步，教师介绍听的任务，使学生在听的时候能够将注意力集中在对所听内容大意的把握上。

第三步，教师播放录音或录像。

第四步，学生根据对录音或录像内容大意的理解选择适当的标题。

②排序。这种听力任务的主要目的是考查学生对材料内容中主要故事情节信息的掌握。一般这种听力材料多为记叙性的内容，具体包含以下几个步骤：

第一步，教师打乱听力材料中故事的主要情节顺序。

第二步，教师介绍听的任务，要求学生注意事件发生的主要线索、顺序。

第三步，教师播放录音或录像。

第四步，学生根据所听内容，将打乱顺序的情节重新排序。

总体来说，泛听策略的目的在于使学生更多地接触语言现象，提高其听觉的反应能力和对所听内容的整体理解能力，从而巩固和扩大精听的成果。泛听是一个连贯的过程，听者不需要将注意力过多地集中在对个别生词、短语的理解上。

（3）寻听

寻听策略是指为了寻找特定的信息而有针对性地听，能够减少听的负担，提高听的效率。

需要采用寻听策略的常见听力任务有"复式听写"，即教师在听力任务开始前，将材料的焦点、关键之处，或听力训练的技巧性部分去掉，而学生需要在听的过程中将注意力集中在这些关键部分，并根据所听内容补全信息，具体包含以下几个步骤：

第一步，教师根据听力材料的难易程度以及学生的英语听力水平，将听力材料的关键词或关键内容挖空，挖空的部分可以是单词、短语或完整的句子。

第二步，教师将挖空的材料分发给每个同学，并介绍听的任务。

第三步，教师播放录音或录像。

第四步，学生根据所听内容补充信息。

总体来说，在运用寻听策略时，教师可以根据任务的难度，适当地增加听力材料的播放次数。

（4）略听

略听策略是在听的过程中将注意力集中在篇章的题目、首句和尾句以及关键词上，对听力材料中的细节内容不必过分关注。

需要采用略听策略的常见听力任务是"听与画"。这种听力任务多适用于描写性的听力材料。学生可以用简单的图画形式将所听到的内容表示出来；同时，

教师还可以对一幅画进行文字描述,然后用英语表达给学生,从而进行听与画的练习。具体包含以下几个步骤:

第一步,教师选择题材、难度与学生现有听力水平相符的听力材料。

第二步,教师播放录音或朗读,也可由学生朗读。

第三步,学生在听的同时完成绘画。

第四步,学生间相互比较图画。

第五步,教师展示正确的图画。

(5)预测

预测也是听力测试中的重要策略。在听力播放之前和听力播放过程中,学生都可以进行预测。

在听力播放之前,学生可以根据已有的听力材料或者听力任务的相关要求进行预测。在听力过程中,学生可以根据已经播放的信息进行预测,即根据上面听到的内容来预测下面将要说的内容。

(二)高校英语口语教学方法

通过对当前高校英语口语教学现状的分析,可以发现转变英语口语教学模式、改变教学方法的重要性。在跨文化交际背景下,教师只有根据口语教学的实际情况灵活选用教学方法,才能提升学生的口语表达能力。

1. 语境教学法

语境教学法是指教师在语境理论的指导下,开展备课和口语教学实践工作,并帮助学生掌握运用语境知识进行口语学习的方法。语境教学法始终以培养学生语言应用能力为高校英语口语教学的原则。

(1)语境教学法的特征

高校英语口语教学实践证明,语境教学法具有许多相对稳定的特征。分析语境教学法的特征,对于理解其含义、掌握其运用方法,进而更好地指导英语口语教学实践有重要意义。以下简要介绍语境教学法的几个重要特征:

①真实性。真实性是语境教学法的基本特征,这与其倡导的"真实的语言环境"是相互联系的。

首先,语境教学法要求在真实的课堂交际活动中开展口语教学,其教学目的是培养学生真实的言语交际能力。

其次，在语境教学法中，口语教学的内容具有真实性，是在了解学生本身口语学习的特点和需求的基础上设定并呈现的。

再次，学生作为口语教学实践的主体，其知识水平、表达能力、性格特点、学习要求、学习方式等都是一种真实的存在。

最后，语境教学是在特定的社会文化背景下进行的，无论是口语教学实践中的具体教学情境，还是根据教学内容人为创设的虚拟语境，都必须具有真实性。

②制约性。语境教学法的制约性体现在两个方面，一是微观方面，二是宏观方面。在微观方面，语境或多或少地对各种具体教学活动的实施和开展有制约作用；在宏观方面，社会文化语境，如政治、经济、文化、心理、价值观、道德观等，对语境教学的各个方面有着制约作用。总体来说，微观与宏观两个方面都对英语口语教学实践的成功有着重要的影响。

③动态性。语境教学法的动态性主要与英语口语教学实践中临时性的语境因素有关。具体来说，英语口语教学的课堂语境总是变化的，在课堂口语交际活动的展开过程中总会出现一些突发性的因素，如学生在言语交际活动中不能正确地表达思想或者无法理解教师的讲解，这时，教师就要转变教学方法，重新组织教学活动，并且调整课堂交际目标和教学目标。总之，教师与学生都要根据语境因素的变化适时调整自己的言行，以保证语境下的英语口语教学的顺利开展。

④自发性。在语境下的英语口语教学中，教师和学生都是交际活动的主体，都具有主动性和创造性。如果能够较好地利用语境因素，特别是利用交际环境和言语知识的有机联系，就能够突破情景语境和社会文化语境的制约，通过交际环境解释和联想功能，使理解和表达更加准确、深刻。

（2）应用语境教学法须遵循的原则

当运用语境教学法进行高校英语口语教学时，除了要遵循口语教学的一般原则外，还要结合语境因素明确交际的目标，加强合作，并创设得体的语境。具体而言，应用语境教学法须遵循以下三个原则：

①目标原则。英语口语教学要有明确的教学目标，同样，课堂上任何一个口语交际活动都要有明确的交际意图和交际目的。当运用语境教学法时，将交际目标进

行细化，便形成了多个小的交际意图。同时，交际目的和交际意图的制定还要以学生的学习需要为基础，尽可能地使口语交际活动的目标适应学生的学习需要。

②合作原则。相互合作是成功交际的基础，只有交际双方都遵循一些共同的原则，交际才能顺利进行。因此，在英语口语教学实践中也要遵循合作原则，主要体现在以下三个方面：

首先，合作原则体现在语境中教师话语的数量上。在语境教学法中，教师话语内容的详尽程度和包含信息量的多少将直接影响语境教学的效果。一方面，教师要清晰明确地给出关于创设语境和交际任务的必要知识；另一方面，教师要注意话语的数量，其包含的信息量要适度，以便给学生留下思考和探索的空间。

其次，体现在语境中的教师话语的质量和话语关联性上。其中，话语的质量主要是指交际双方话语的真实性。在特定语境下的口语交际中，无论是师生之间还是学生之间，都要言之有物，不能泛泛而谈。话语的关联性是指交际活动与特定语境的相关性。只有在特定语境范围内进行交际活动，才能保证交际的有效性，从而提高学生的口语交际水平。

最后，体现在语境教学法使用过程中的话语方式上。过度地灌输言语知识并不能有效地提高学生的口语交际能力，只有语境中真实的口语交际才能对提高学生的口语水平起到促进作用。

③得体原则。创设得体的语境是口语交际活动顺利开展的基础。得体原则主要体现在以下四个方面：

首先，语境的创设要以社会现实生活为基础，同时符合学生的个性特点。以现实生活为基础能够使学生对语境的理解和接受变得更加容易。此外，学生在与自身的知识水平、生活背景、个人经历、年龄等相符合的语境中，能够更有效地进行口语互动学习。

其次，语境教学要符合语言规律和教学规律。教师在英语口语教学中要以教学大纲、教学目标为依据，在遵循英语的语言规律和口语教学实践的客观规律的基础上，进行语境的设置。

再次，语境的设置要具有趣味性。精彩、有趣的语境在英语口语教学实践中发挥着重要作用，不仅能够吸引学生的注意力，提升学生参与表达和交流的积极性,还能使学生产生强烈的求知欲望,从而在和谐幽默的教学氛围中,缓解紧张的情绪,消除师生间的隔阂,摆脱交际困境。

最后,语境教学具有灵活性。教学本身就是一个动态的过程,任何教学方法都没有一成不变的模式,都需要在实际教学过程中具体问题具体分析,从而不断地进行适当的调整和修改。

(3)应用语境教学法的具体做法

在高校英语口语教学中应用语境教学法,实际上就是发挥语言语境、情景语境和文化语境的作用,同时明确交际意图。在高校英语口语教学实践中,教师要想应用语境教学法来有效地提高学生的口语会话能力,可以采取以下措施:

①熟悉语言环境。口语教学的语言环境包含语音、词汇、语法和背景知识等多种因素。同时,语言语境可以分为语音语境、短语语境和句子语境。语言环境在帮助学生确定词、短语或句子在文本中的含义方面有很大的作用。学生在多次的言语交际活动中辨析语音、理解词汇和语法结构、组织语言、表达思想时,实际就是在运用语言语境来促进英语口语能力的提高。

为了熟悉语言环境,教师可以尝试以下方法:

首先,用1~2节课的课时向学生讲解在口语交际活动中需要注意的内容,从而减轻学生的思想负担,使学生轻松练习口语会话。

其次,开展课前演讲活动。演讲活动的具体内容和形式应该是多种多样的,教师可以拟定一个题目或创设一个情境,也可以让学生自主选择情景语境。

再次,请学生对演讲活动进行评价。评价的内容可以是演讲活动的各个方面,如演讲者的语音、语速、语调、体态语等。这一环节的目的在于检验口语教学的效果,同时发现并提出学生口语表达的不当之处,进而帮助其改正。

最后,教师总结。在这一环节中,教师应遵循多鼓励、多表扬的原则,并做到态度和蔼、委婉批评。

②建构情景语境。语场、语旨和语式是情景语境建构中最主要的三个方面。在高校英语口语教学中,对这三个方面进行重点分析,能够有效提高学生的理解、推测和判断能力。当建构情景语境时,教师要向学生介绍与当前教学任务相关的信息,如主题、参与者、传输媒介等信息。这样一来,学生就能够在任务开始前,

对与主题相关的词汇和语法特征以及上下文进行预测和模糊的推断。以听一段眼科医生与患者的对话录音，然后进行口语练习为例。在播放录音之前，学生会预测、推断与对话内容相关的主题，如治疗眼睛，进而头脑中就会浮现出与"治疗眼睛"相关的词汇，这样就降低了听力理解和口语表达的难度。需要注意的是，每一个抽象的语境都含有无数的变量。因此，仅仅根据有限的语境来进行听力教学是远远不够的。从语场的角度，教师布置的口语任务可以保持参与者和交流媒介的关系不变，而将话题从"治疗眼睛"转变为"有效保护眼睛"；从语旨的角度，教师可以保持语场不变，而改变参与者，改变医生和病人的角色；从语式的角度，可以保持语场与语旨不变，而将口语练习改为写作作业。

③学习文化语境。实际上，跨文化交际的主要障碍就是缺乏对目的语文化内涵的理解。也就是说，没有足够的文化背景知识，就无法从根本上提高学生的口语交际能力。为此，教师要充分重视文化差异因素对高校英语口语教学的影响，进而培养学生的文化意识，在文化语境中开展口语交际活动，如举行英语演讲、表演英文话剧、观看英文电影等。

④界定交际意图。帮助学生把握口语会话的交际意图能够有效地提高学生的交际能力。一些语言学家将交际意图分为两种类型：明确的意图和不明确的意图。

具体而言，口语交际中的言语表达出的含义是明确的意图。不能通过言语本身表达出来，而只能根据语境进行判断的含义是不明确的意图，其又有文化语境和情景语境之分。

在高校英语口语教学中，不明确的交际意图需要教师进一步解释。教师可以创造更加生动的语境，或者鼓励学生根据文化语境和情景语境去体会和把握，这一过程有助于提高学生表达"言外之意"的能力。

2. 探究教学法

探究教学法的形成与现代教育手段和媒介的发展有很大关系。这一教学方法的核心就是"探究"，与传统的口语教学模式存在很大的不同，探究教学法更能体现出语言学科的特点。简单来说，高校英语口语教学中的探究教学法就是指高校英语教师利用现代教育手段与媒介，综合多种教学资源，以学生为中心，以教师为主导，通过以学生的自主学习、自我探索和自我研究为主的方式帮助学生完成语言知识和口语技能习得的教学方法。

（1）探究教学法的步骤

在高校英语口语教学中，运用探究教学法一般包括五个步骤：确立探究问题、收集数据、分析解释、讨论交流和展示评价反思，如图5-2-1所示。

确立探究问题 → 收集数据 → 分析解释 → 讨论交流 → 展示评价反思

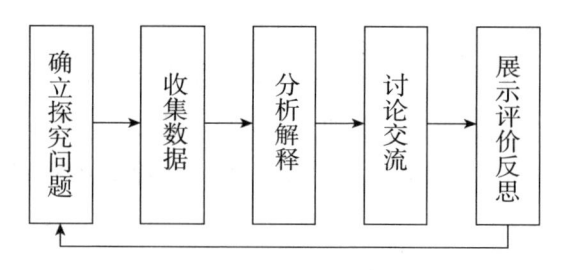

图5-2-1　探究教学法的步骤

①确立探究问题。确立探究问题是探究教学法的第一步。在旧问题解决后，往往又会产生新的问题。因此，探究教学是一个循环往复的过程。高校英语口语教学实践中会产生多种问题，但是，探究问题的选择和确立需要考虑多方面的因素。一方面，有些问题产生的原因比较简单，很容易解决，因而不必探究；另一方面，有些问题用其他方法讲解会更加浅显易懂，不适用于探究教学法。教师在确立探究问题时要进行深入的分析和精心的选择，具体需要考虑以下三个方面：

首先，要考虑课程内容和先前教学中的知识积累，这是因为探究问题要在整个教学知识结构中起到承上启下的作用。

其次，要考虑问题的创设情境。教师要以教材内容为基础，创设出能够自然导出问题的情境。

最后，要考虑学生的学习兴趣与学习动机，用更加新颖的方式提出问题。

②收集数据。高校英语口语教学探究教学法中的数据收集指的是与语言有关的语料，以及与文化、语言使用有关的艺术与策略的材料的收集。这一环节的实施需要教师进行严格把控，并给予学生收集内容、方向及来源方面的指导和建议，这样才能起到事半功倍的效果，否则就会白白浪费时间和精力。

③分析解释。分析解释是探究教学法的第三个步骤，这一环节对下一环节的讨论交流有重要的影响。对收集的数据进行分析，主要围绕语义和语用两个方面进行思考，并对特定的交际情境和交际目的中涉及的词汇、语法、句式、文化、

交际策略等方面的因素在交际中的功能作出解释和总结。

④讨论交流。讨论交流贯穿高校英语口语教学的全过程，体现在课内与课外的各种交际活动中。在探究教学法中，学生在完成课外探究之后，应结合所得在课堂上与同学就教师提供的探究材料进行有目的的交流讨论，同时做好记录。

⑤展示评价反思。展示评价反思是探究教学法的最后一个环节，也是不容忽视的一个环节。这一环节需要注意两个方面：一是学生的展示行为是否规范，二是教师的点评内容与评价方式是否得当。

（2）探究教学法的特点

探究教学法主要具有以下三个特点：

①开放性。开放性是探究教学法的显著特点，主要体现在教学内容、教学组织形式和教学管理三个方面。

首先，在教学内容上，探究教学法的内容以教材为基础，但是，并不受教材的制约与束缚，其涉及的内容要比教材内容广泛得多。这是因为探究教学法往往针对某一主题进行深层次的探究，无形之中就会涉及多领域、多学科的内容。

其次，在教学组织形式上，探究教学法常常在学生与学生之间或学生与教师之间的交流、协商、讨论中展开，这种教学活动组织形式与传统的教学方法相比，具有明显的开放性。

最后，在教学管理上，探究教学法以学生的自主探究为主要学习方式，教师则起到了监督与指导的作用。

②合作探究性。合作探究性可以看作探究教学法的另一个显著特征，这与其本身的教学模式有很大的关系。真正意义上的高校英语口语探究教学主要依靠学生的自主探究来完成知识的学习和技能的掌握，但是，仅仅依靠个人能力是很难实现的，离不开教师的监督与指导以及同学间的合作学习。

此外，每个学生的学习技巧、学习方法、学习能力等都存在差异，但可以进行互补。因此，要拓宽探究内容的广度与深度，就必须加强学生间的合作，增强互补性。

③实践性。高校英语口语探究教学的实践性是由高校英语教学的目标决定的。当今社会对英语人才提出了更高的要求，要求英语人才不仅具备扎实的语言知识

和技能，还应具备熟练的英语运用能力，而探究教学法为学生提供了充足的思考和使用英语的实践机会。

3. 多媒体教学法

多媒体技术应用于高校英语口语教学是适应跨文化交际发展的需要。在英语口语教学课堂中，真实的目的语交际环境十分重要。多媒体技术集语言、画面、声音三大媒介于一体，使学生能够在声影交错、言景结合中，轻松地融入英语语言情境中。此外，有效利用多媒体技术开展英语口语教学，还能为学生学习英语口语提供大量的语言信息，使学生在各种语言交际活动中提升自己的口语表达能力和得体的语言交际能力。

在多媒体教学技术中，慕课教学作为一种在线教学的新形式得到了较快的发展，其应用也越来越广泛。慕课，即大型开放式网络课程（Massive Open Online Courses，简称 MOOC），并不是对网络资源的简单堆砌，而是以主题的方式对教学资源进行科学的呈现。

慕课教学应用于高校英语口语教学中主要有以下三种形式：

（1）仿真对话教学

学生与慕课视频教学中的国外交流者或专业的英语教师模拟现实情境，进行英语口语对话训练。

（2）为学生提供口语练习平台

慕课平台的海量资源具有多样化、更新快的特点，学生不仅可以以这些资源为依托进行口语学习，还能丰富知识、开阔眼界、拓展思维。

（3）展开板块学习方式

为满足不同学生的口语学习需求，慕课教学将口语学习切分为多个板块，包括基本家常用语板块、服务英语学习板块、询问咨询口语学习板块、专业英语学习板块等。为提高口语训练的针对性与实效性，这些板块还可以进一步细化。例如，专业英语学习板块可以进一步切分为旅游专业英语口语训练板块、企业管理英语口语板块等。

综上所述，文化的多样性深刻影响着学生的英语听力理解能力和口语表达能力，更直接关系着听与说的效果。因此，高校英语教师必须把握时代的发展趋势，在教育部制定的教学大纲的指导下，以培养和提高学生的跨文化交际能力为目的开展听力与口语教学工作，这也是高校英语听力和口语教学的意义所在。

二、跨文化视域下高校英语阅读教学法

（一）就文化主题展开讨论

教师可以将英语文化分为若干细小的主题，定时组织全班学生针对特定的文化主题进行有秩序的讨论。需要注意的是，既然是讨论，就不能流于形式，教师要保证所有学生都有效地参与，不能使一些学生受到冷落。因此，教师需要对讨论活动给予及时的监督、指导。经过讨论，学生能够不断积累文化背景知识，并且，可以提高英语阅读能力。

此外，对于不同的文化主题，学生把握和讨论的难度不同。教师要确定一个合适的、可以引起学生兴趣的主题，并保证自己在整个讨论过程中处于支配和控制地位。随着讨论主题数量的增多，学生掌握的文化背景知识也会相应地增多。这时，教师应该循序渐进地加大文化主题的难度。

在高校英语阅读教学中，就文化主题展开讨论的教学方法还有其他作用，具体如下：

1. 逐渐增强学生获得更多文化背景知识的信心

只要学生认真思考、分析、得出结论，并在讨论中自由地表达自己的见解，就会体验到一种满足感，进而增强了解文化背景知识的信心。

2. 提高学生的团队合作能力

讨论活动不能缺少规则的约束，否则就会沦为闲谈。真正有效的实质性讨论需要学生在维护秩序的同时，遵循既定的讨论规则，并在规则的束缚下，有效地开展团队合作，如此才能得出有效的讨论结果。由此可见，这种关于文化主题的讨论活动能够提升学生的团队合作能力。

3. 锻炼学生的逻辑思维

面对一个话题，学生只有认真分析、思考，才能得出有说服力的结论。面对同一个文化主题，学生会形成不同的观点、提出不同的结论。通过对不同结论的比较，学生能够自然而然地发展自己的逻辑思维能力。

4.发展学生的交际能力

在讨论过程中,语言表达是一个关键环节。讨论就是对话,只有将自己的思想用语言清晰地表达出来,对方才能理解,进而给予适当的回应。思想在交际者之间来回传递就是交际的过程。在这个过程中,学生的交际能力能够得到提升。

(二)引导学生以语块形式开展阅读

语块是语言中频繁出现的语言结构,由多个词组成,其形式和意义比较固定,运用语境比较确定,在词汇和语法方面能够发挥一定的功能。人们通常从整体上去记忆、加工、储存和提取语块。

语块理论认为,语块是英语的基本语言单位。语块具有以下三个特征:

第一,自主性,不同组块之间是相对独立的。

第二,稳定性,英语自然话语中有80%由各类板块结构组成,其变化的灵活性相对较小。

第三,扩容性,语块具有相对完整的意义,不像单个词语那样孤立,已经远远超出了词汇搭配的范围,扩大到句子甚至语篇的领域。

有些人认为,语言学习者永远无法达到和本族语者同样的水平,因为本族语者的语言知识表现为语块,而不是分析性的语法规则。语言学习者如果缺少足够的语块,语言能力就会受到限制。因此,在高校英语阅读教学中运用语块理论,能够既改善输入又提高输出。

总体来说,以语块形式开展阅读可以提高学生的阅读速度。一方面,语块把多个有关联的小组块组合在一起,使之变成一个大组块,扩大了短时记忆的容量,缩短了信息加工的时间,最终提高了学生的阅读速度。另一方面,学生在快速浏览标题、首尾段以及各段首句时,有意识地注意语篇中不同功能的语块,也可以提高阅读速度。教师应先浏览全文以对文章大意有一个大致的掌握,然后引导学生学习陌生语块以扫清障碍。此外,学生在学习陌生语块时,不仅包括对词汇本身的学习,还包括对语法结构和与其语境相关的语用功能的学习。长此以往,学生按照语块形式阅读文章,就会以语块形式进行整体理解,从而提高阅读速度。

第三节 跨文化视域下高校英语的写作与翻译教学

一、跨文化视域下高校英语写作教学法

（一）输入与输出的互补

输入和输出是英语学习的两种重要形式。"读"是语言输入的一种方式，"写"是语言输出的一种方式，而输入是输出的基础。因此，"读"是"写"的基础。教师在高校英语写作教学中要注重输入和输出的互补，即"读"和"写"的互补，使二者相得益彰。

"读"能够为"写"提供必要的语言材料，为学生的写作灵感带来理性的启迪。学生只有头脑中存储写作的各种词汇、句子和衔接方式方面的素材，才能轻而易举地进行英语写作。各类体裁的阅读材料为学生提供了许多功能各异的句子框架，这些素材的输入为英语写作奠定了坚实的基础，加快了学生产出作文的速度和效率。

另外，学生只有积累了大量的阅读素材，才能提高英语语感，自然而然地养成英语思维习惯。在英语写作中，有些学生感觉某种表达方式非常自然、妥帖，但是，说不出所以然，这就是语感带来的效应。

（二）技巧的改善

英语写作技巧的改善是一个永恒的话题。在高校英语写作教学过程中，教师应长期、持续地关注对学生写作技巧的培养，具体可从以下几方面着手：

1. 构思方面

只有经过构思，作者才能对文章有一个整体的把握。构思是写作的基础，需要贯穿文章写作的始终。

构思的方式包括如下三种：一是思绪成串式。学生用圆圈的形式将写作主题在纸上呈现出来，然后列出与主题有关的关键字，同样以圆圈的形式表现出来，并进行总结归纳，最后确定写作思路。二是自由写作式。学生针对文章题目展开

自由而丰富的联想，然后及时记录自己的想法，并从中挑出有用的信息，进而展开写作。三是五官启发式。学生的五官都会接收到一定的信息，学生需要整合这些信息，然后提炼出对写作有用的信息。

2. 开篇方面

对于一篇文章来说，好的开端就是成功的一半。开篇是读者对文章的第一印象，第一印象往往给人的感受最深刻，并会影响之后的看法。因此，如果文章开篇写得好，就可以引人入胜，激发读者的阅读兴趣。

常见的文章开篇方法包括以下几种：

第一，名言警句导入式。谚语、格言通常富含深刻的哲理，用在开篇可以有效地吸引读者的目光。

第二，故事导入式。在文章开篇将一个生动的故事娓娓道来，读者的兴趣就会被调动起来。

第三，比较、对比导入式。由于在开篇运用对比能够引起读者对结果的好奇心，因此这种开篇方法常用于对某种现象的突出和强调。

第四，开门见山式。开门见山的开篇方式爽快、直接，比较容易赢得读者的好感。

第五，问答导入式。这种开篇方法的提问方式是有技巧的，如多问人们急于知道的问题，其目的在于通过提问引起读者的好奇心。

第六，定义导入式。当文章要描述一个新的概念或事物时，可以在开篇就给出定义，这样读者能够在开端打通障碍，对后面的文章也比较好理解。定义导入式常用于说明文或科普类文章中。

3. 段落发展方面

在确定文章的框架之后，就要开始构思开篇，紧接着对段落进行展开。可以按照以下几种方法来展开文章的段落：

第一，按过程展开。这种段落展开方式适用于记叙文的写作，能够顺着事情发展的脉络逐步交代事件。

第二，按时间展开。这种方法同样适用于记叙文的写作，在叙事时，先发生的事情先写，后发生的事情后写。

第三，按逻辑展开。文章的逻辑涵盖思路的流畅、段落间的衔接、句子间的连贯等。在文章的逻辑中，关联词是一个非常重要的衔接手段，能够使行文流畅，引导读者顺着作者的思路进行思考。

第四，按空间展开。当描写一个地方或景物时，这种按空间展开的方式是一个可取的选择，能够增加文章的错落感和整体感。

以上四种方法可以单独使用，也可以综合使用。同时，以上四种段落展开方式的具体实施方法有很多，如类比法、因果法、事实数据法、拆开分析法、举例法、叙述法、描写法、反驳法、过程分析法、分类法、重复法、列举法、定义法等。

4. 结尾方面

结尾对一篇文章有非常大的影响，通常用于总结前文或者是内容的自然结果。常用的文章结尾方式主要有以下几种：

第一，重申主题式结尾。在结尾处对文章的中心思想进行强调，能够使读者难以忘怀。

第二，总结式结尾。在文章结尾处对全文进行总结，以揭示主题。

第三，反问式结尾。这种结尾方式也可以用于强调文章主题，能够起到增强语气的作用，并发人深思。

第四，建议式结尾。这种方式主要就文章讨论的某种现象或问题，提出解决办法或者呼吁一种行动。

第五，展望式结尾。在文章结尾表达一种愿望，可以达到鼓舞人心的目的。

（三）有效的模仿

通过仿写，学生可以积累写作素材，了解英语写作模式。另一种有效的解决途径就是运用语块来进行英语写作教学。通常，本族语者存储的是各种情境下搭配的语块，一旦需要这些语块，就能直接提取，无须对一个个的单词进行加工处理、排列组合，因此能够提高语言输出的速度和质量。

下面以运用语块进行英语写作教学为例，介绍其应用步骤。具体而言，基于语块的写作教学包括两个层次。

第一个层次是较低的层次，即进行汉英互译、语块替换、语块造句、运用语块复述课文等。

第二个层次是较高的层次，教师可以先将学生分成几个小组，组织学生在小组内讨论课文，然后指导学生识别不同功能的预制语块，最后进行写作。这样学生就可以节省从思维到词语再现整个认知过程中的精力，减少临时的结构分析和组合，将主要精力集中在更大的语言单位和语篇结构的层面上。此外，文章的起承转合都有相应的语块形式，这些是学生可以选择的素材。对这些语块的熟悉，可以使学生加快语篇组织的速度，增强语篇的条理性。

二、跨文化视域下高校英语翻译教学法

如今，随着国家与国家之间交往的日益紧密，文化交往成为必然。要想实现跨文化交际，需要让中华优秀传统文化走出去。高校英语翻译教学承担着文化走出去的重大责任，在此背景下，高校英语翻译教学改革势在必行。

（一）交际教学法

基于翻译的跨文化交际性质，交际教学法在翻译教学界开始流行起来。该教学法指出，要想达到交际的目的，教师必须在向学生传授语言知识的同时，传授学生相关的社会文化知识。同时，交际教学法认为，翻译教学活动要以学生为中心，注重学生的主体性。当然，这并不意味着教师变成了可有可无的人，而是说教师的作用在于帮助学生流畅地表达观点。

交际教学法的具体实施步骤如下：首先，教师精心选择内容一致的源语和目的语文本材料，让学生对它们进行对比，并分析两种材料的语言差异和文化差异；其次，教师给学生布置有针对性的涉及文化的翻译练习，让学生在做练习的过程中培养文化意识和翻译能力；最后，在学生完成练习之后，教师要对学生的翻译作品给予认真的点评，并向其讲授相关的文化知识。

（二）技巧强调法

翻译教学的一个很重要的部分就是向学生传授翻译技巧。翻译技巧是对翻译能力的一种体现，常用的翻译技巧有直译、意译、释义、正译、反译、英汉同义等。

第一，直译法，即在保持原文的语言形式、风格和意义不变的情况下，用另外一种语言进行表述。

第二，意译法，即为了用另外一种语言再现原文的意义和内容，在语言形式上作出一些变动。

第三，释义法，即当原文中某个词语无法在译语中找到对等语，也无法使用其他翻译方法时，就对词语进行恰当的阐述。

第四，正译法，即当英语的某些否定形式无法在汉语中找到对等形式时，就将它翻译成肯定形式，以符合汉语的表达习惯。

第五，反译法，即为了使译文符合汉语的表达习惯，将原文的肯定形式翻译成否定形式。

第六，英汉同义法，即由于英语和汉语存在意义形式上相同或相似的谚语，为了忠实地再现原文意义、内容，以及谚语的形式、结构，翻译时可以套用谚语。

第六章　跨文化视域下高校英语教学的改革与发展

跨文化视域下的英语课程设置要依据一定的培养目标选择课程内容、确定课程门类、学分和教学时数、编排学年及学期顺序，形成合理的课程体系。高校英语课程设置改革要通过充分有效的需求分析，各种教学资源的整合，按照本校高校英语教育改革规划，确立本校高校英语课程体系，确保不同专业类型、不同层次、不同需求的学生在英语应用能力方面得到充分的训练和提高。

第一节　跨文化视域下高校英语教学的改革

我国英语教学经过几十年的发展，已经取得了可喜的成绩，在教与学这两方面的改革都取得了很大的进步。随着社会的发展，社会各界对学生的英语水平，尤其是英语综合运用能力提出了更高的要求。在跨文化交际背景下，社会需要更多具有国际视野、能参与国际事务的高素质英语人才。因此，英语教学要想适应时代需求，必须不断与时俱进，不断进行改革与创新。本节就对跨文化视域下英语教学的改革进行阐述。

一、教学观念的改革

培养学生的听、说、读、写、译能力一直都是英语教学的目标。但在多元文化的理念下，英语教学的目标有所改变。在这一理念下，英语教学的目标是培养学生的语言综合应用能力，尤其是学生听说能力的培养，使他们在今后的工作和社会交往中能用英语顺利地进行口头和书面上的交流，同时培养学生的自主学习能力，增强学生的综合文化素养。所以，英语教学的改革应在观念上改革，观念上的改革要实现两方面的改革：一是教学目标的改革，即从原来的以阅读为主向以听说为主转变，提高学生的综合运用能力；二是教学主体的改革，即教学主体从以教师为主向以学生为主转变。

（一）教学目标的改革

改革教学目标的必要性和重要性是不言而喻的。自改革开放以来，社会对人才和需求不断发生变化，英语教学目标也不断进行调整。早期对于英语教学目标的要求有：培养学生具有较强的阅读能力、一定听的能力、初步的写和说的能力，使学生能以英语为工具，获取专业所需的信息，并为进一步提高英语水平打下较好的基础；培养学生具有较强的阅读能力和一定的听、说、写、译能力，使他们能用英语交流信息。英语教学应帮助学生打下扎实的语言基础，掌握良好的语言学习方法，提高文化素养，以适应社会发展和经济建设的需要；培养学生英语综合应用能力，特别是听说能力，使他们在今后工作和社会交往中能用英语有效地进行口头和书面的信息交流，同时增强其自主学习能力，提高其综合文化素养，以适应我国经济发展和国际交流的需要。

很多学者都曾强调过，英语教学应加大口语和写作教学的力度，在教学观念上切实做到从知识传授转向能力培养。实际上，教学中的知识传授与能力培养并不是完全独立、截然分开的，而是相辅相成、融为一体的。英语知识并非单纯的语音、词汇和语法知识，还涵盖各类文化知识以及学生从自身体验中获取的经验形态的知识等，是一个既综合又统一的系统。许多学校都强调以培养学生的综合应用能力为目标，但这并不意味着知识的传授无关紧要，相反，知识的传授是实现目标的重要途径和手段。如果没有知识的传授，教学目标也就只是空谈。因为学习任何一门语言都需要知识来做基础，如果没有知识这一基础，运用也就很难生成。只有学习和掌握一定的基础知识，将知识内化为稳定的内在素质，形成一定的素质结构，综合运用语言的能力才有可能产生。所以，在改革教学观念的过程中，要处理好知识、能力、素质这三者之间的关系，并认识到知识的学习是基础、能力的培养是关键、学生综合素质的提高是目的。

虽然诸多学者都强调听说能力的培养，但这并不意味着就要忽略读写能力的培养。在语言学习的过程中，需要大量的语言输入，并通过内部系统的加工，进一步转化为一定程度的外部语言，其中，阅读就是信息输入的重要途径。如果没有大量的阅读，也就很难提高英语的口语能力。所以，英语中的听、说、读、写、译五项技能是紧密相连、相辅相成的有机整体，在强调听说能力培养的同时，要注重读、写、译能力的培养。

（二）教学主体的改革

现代英语教学思想已经发生转变，从以教师为教学的主体向为以学生为教学的主体转变。在这种转变下，教师不再充当演员的角色，而是改为充当导演的角色，主要组织、引导和指导学生的学习。学生成为教学活动的主体，是教学活动的出发点，处于教学活动的中心地位。在以学生为主体的教学中，教师不仅要教授学生关于语言学习的规律和方法，还要引导和启发学生积极地思考，培养学生主动获取知识的能力和自主学习能力，切实做到整个教学活动以学生为中心。

在以学生为主体的教学理念下，"学教并重"教学模式和"主导—主体"教学模式开始被提出，并受到人们的重视。"学教并重"，就是既重视教师的教，也重视学生的学，也就是在教师教的基础上，以学生为中心，培养学生的综合语言能力。在教学中，虽然突出学生的主体地位，但并不意味着教师的作用就可以忽略。只有在教师教的基础上，才有可能提高学生的自主学习能力。"主导—主体"中的"主导"指的是教师的主导作用，"主体"指的是学生的认知主体作用，这一教学模式强调在教学中既要发挥教师的主导作用，又要体现学生的认知主体作用。

二、教学内容的改革

教学内容的改革可以从以下两个方面着手：

（一）帮助学生构建个性化的英语语言体系

英语教学改革的主要目的就是提高学生内化英语的语言能力。输入和输出是语言学习的两个方面，就外语而言，包括听、说、读、写、译五项基本技能。针对中国学生而言，阅读就是翻译，或者说翻译是阅读理解的一种外化形式。这五项基本技能密切联系、相辅相成、相互统一，而支配这五种技能的就是笼统且庞大的英语语言体系。

英语语言体系指的是由语音、词汇、语法、文化、语境等要素构成的有机系统。多数人都认为，研究和掌握语言体系应是英语语言学家、语法学家或教师的任务。实际上，语言体系存在于每一个语言使用者中。针对某一具体语言而言，既有广义的语言体系，又有狭义的语言体系。在日常的交际中，人们以广义的语言体系为背景，用各自的个性化语言来进行交际。而语言学习就是学习者构建个性化语言体系的过程。所以，英语教学应帮助学生构建自己的个性化英语语言体系，并将其作为英语教学的主要内容。也就是在具体的教学过程中，教师应全面、细致地揭示语言体系中各要素之间的关系，并指导和帮助学生加以掌握，使学生在听、说、读、写、译等语言实践中理解、体验和验证英语语言体系、体系各要素之间的有机联系，进而使学生实现语言知识的内化，使学生掌握灵活运用语言的能力。

（二）注重教学内容的更新

当今社会不断进步，科技不断创新飞跃，知识呈现出"爆炸性"的增长，与之密切相关的教学内容也要不断更新和发展。在这一大环境下，英语教学内容的改革和更新要注意教学内容的外延式更新与内涵式更新相结合，也就是说要重视学得与习得的相结合。外延更新就是通过增加教学时数、课程门数、教学容量等手段更新教学内容。如果缺乏足够的语言信息输入，那么大量的语言信息输出也就很难实现。大量的语言输入和良好的学习环境对外语学习来讲十分重要。增加教学内容的数量与容量，其目的就是为学生创造一个良好的语言环境，使学生在英语的海洋中邀游，让学生自然地吸收语言。但外延式更新还不足以提高学生的语言能力，还需要内涵式更新。内涵式更新是指将知识分割、分解，按照教学培养目标和一定的思维逻辑，合理地重组优化，缓解个体接受时的压力。内涵式更新注重语言知识在整体上融会贯通的能力，重点从存在于语言表达内部的规律、知识之间的内在联系、构建完整的知识结构体系的角度来进行更新。只有外延式更新与内涵式更新两者紧密结合，才能使学生的整体语言素质得到真正意义上的提高。如果没有足够的词汇量，流畅的表达也就很难实现，但只注重量的积累，而不将知识内化为运用外语思维进行表达的能力，其结果也只能是使学生变为储存单词的容器。

三、教学方法的改革

英语教学改革的关键环节就是善用教学方法。运用于英语教学中的教学方法有很多种，如语法—翻译法、直接法、听说法、认知法、交际法、自然法、暗示法等，每一种教学方法都对英语教学的理论和实践的发展作出了重要的贡献。这些教学方法都是不同时期不同教学理论的产物，丰富和充实了英语教学的体系。

近年来，一些国外的教学方法开始引进我国，这些新的教学方法在为我国英语教学注入了新的活力的同时，拓宽了我国英语教师的视野。广大教师开始积极地投身到教学方法的改革、研究和实践中。这就要求教师在面对不断更新的教学方法时，保持清晰的头脑，不能为了赶时髦而盲目推崇某一种教学方法，摒弃那些行之有效的教学方法。教师应根据教学和学生的具体情况，综合采用各种教学方法中最为行之有效的部分。

（一）采用多种教学方法，启发学生思维

生动、活泼的课堂教学对于学生来讲，更容易吸引他们的注意力，也更容易使其全身心地投入课堂学习当中。因此，作为课堂教学的主导者，教师应根据教材的不同内容，选用各种教学方法，以调动学生的积极性，启发学生思维，提高学习效率。

（二）进行课堂提问，活跃课堂氛围，调动学生积极性

英语课是一门实践性极强的课程，如果缺乏大量的语言实践，想要掌握好语言知识就会较难，提高运用语言进行交际的能力也就更无从谈起。课堂提问这一重要教学手段，不仅可以激发学生的积极参与性，还可以活跃课堂气氛，并能为学生提供语言实践的机会，达到不断提高英语教学水平的目的。因此，教师在课堂教学中要善用这一手段。在运用这一教学手段的同时，教师应注意以下三个方面的问题：

1. 了解学生的语言基础

教师在进行提问时，要了解学生的语言基础。只有真正地了解学生，在对学生进行提问时才能做到有针对性，在教学时才能做到因材施教。其中，教师需要掌握的主要信息包括学生的知识水平、对已有知识的掌握程度以及他们的语言能力等。教师只有充分地了解了这三个方面的情况，才能够更好地为教学服务，才能保证教学质量。一旦掌握了学生的基本情况，教师在课堂教学和提问环节就能更有针对性地进行教学。教师应该考虑到学生之间存在的个体差异，因此，在提

问时，应当根据每个人的实际情况进行相应的调整。教师可以根据问题的难易程度选择不同的学生，平等地给每一个学生提供参与的机会。例如，教师可以向优秀的学生提问那些具有创造性和扩展性的问题，因为解决这类问题需要具备一定程度的口头表达和语言综合能力。对于那些能力比较一般的学生，教师可以向他们提问一些简单的问题或是容易在教材中找到答案的问题，增强学生的自信心，激发学生的兴趣。对于那些基础能力较弱的学生，教师可以提问他们一些比较基础的问题，如一些检查学生对学习材料的理解和掌握水平的问题。

2. 采用启发式教学方法

教师在向学生提问时要注意采用启发式教学方法，这样能够激发学生的学习兴趣和求知欲，能够使学生更加积极主动地思考问题、参与学习，带着疑问积极思考，使他们能够沉浸在教学活动中，从而培养他们思考和分析问题的能力。同时，在教学过程中，教师还需要对其中的每一个环节进行深入的思考，精心安排课堂教学的各个环节和步骤细节，并对接下来教学活动的发展情况进行预测，这样才能做到心中有数。当在教学过程中出现某些问题时，教师应该做好充分的思想准备。

3. 正确对待学生的错误

教师在向学生提问的过程中，双方互相交流，有时候不可避免地就会出现错误。关于如何看待这些学生在学习过程中犯下的错误，各方意见并不统一。从功能派心理学的角度看，学生在使用语言交流时出现的错误是非常常见的。因为学生一开始并没有熟练掌握语言的应用，这种错误是从不完整的语言到完整语言的转变，不需要进行修正。随着之后语言交际活动的一次次展开，这类错误自然而然地也会逐渐被纠正过来。从行为主义心理学的角度看，学习语言是一种"刺激—反应"训练过程，当发生错误的时候必须加以纠正，以培养学生正确使用语言的能力，形成正确的使用语言的动力定型。针对上述两种观点，在学生语言交流过程中，教师应尽量避免过多纠正学生出现的错误。如果学生的交际不断地被教师打断，学生就会产生心理负担，积极性也会受挫，进而产生自卑感。因此，当学生犯下一些不会妨碍他们交流和理解的错误时，教师应该持有包容的心态，尽可能避免频繁地进行错误的纠正，以免打击其自信心与积极性。当然，在教学过程中，教师要具体情况具体分析，如果学生犯了可能妨碍交流和理解的失误，教师就应根据实际状况进行引导。有时候，面对学生的一些错误，教师可以运用自主纠正的方式来处理，也就是让学生自己认识到自己的失误，并据此进行自我修正。

（三）通过英语游戏、竞赛的方法激发学生的兴趣

古话说得好，知之者不如好之者，好之者不如乐之者。对于学生而言，兴趣极为重要，它常常是学生愿意深入研究和勇于解决问题的主要驱动力。学生如果对某门学科感兴趣，就会主动去探求其规律，从而取得良好的学习效果。因此，在进行教学活动时，教师应始终将这个问题放在首位。那么，如何才能激发学生学习英语的积极性呢？在教学过程中，教师可以考虑使用英语游戏和英语竞赛这两种方式。这是因为英语游戏和竞赛不仅可以激发学生学习英语的热情和自信，还有助于培养他们的口语表达习惯和能力，也能激发他们主动思考的能力。英语游戏不仅是一种娱乐方式，还是一项很好的语言实践活动，对提高课堂教学效果具有十分显著的作用。它能够使课堂不再那么枯燥乏味，而是变得更加有趣味性，课堂氛围也变得轻松、和谐。

在上课之前、课程结束之前的时间里，教师可以播放一些英语歌曲，舒缓学生的身心，印发其中的一些歌词，留出空白，让学生填空，这样不仅可以活跃气氛，消除学生的疲劳感，还能训练学生的听力和语音。

从本质上来看，英语教学的过程就是教师引导学生利用语言进行交际的过程。因此，教师要严格要求自己，以自己满腔的热情、充沛的精力和认真的态度去感染学生，使学生积极地参与各种活动，最终达到交际的目的。

第二节　跨文化视域下高校英语教学的未来发展

一、重视多媒体教学

在英语教学中，许多教师都认识到了多媒体技术的重要性。然而，要利用多媒体技术实现英语课堂教学中教育理念、教学内容和教学方法体系上的全面突破，需要建立在英语教学中应用多媒体技术的基本理念。以多媒体技术为手段，实现

教学资源、教学过程、教学效果的优化是创设真实环境的最佳途径。多媒体技术可以对声音、动画、图像、色彩等进行组合和运用,增强教学的形象性和直观性,从而有效帮助学生对所学语言国家的文化有一个真实的了解和感受。

(一)利用多媒体创造学生运用语言的情境

英语教学的目的是培养学生运用英语的能力,这种语言交际能力和技能的获得,必须通过大量反复的语言实践。实践的最好途径是将学生置于一定的语言环境中练习并加以运用。多媒体技术通过设计与教学内容相关、图文声像并茂、形式活泼的情境,促进学生探索、发现、搜集和分析情境中的相关知识,能使学生在英语学习的过程中有效提高语言运用能力。

(二)突出学生的学习主体地位

学生是学习活动的主体,学生学习的能动性和主动性应该得到充分的发挥。多媒体技术的应用为调动学生的学习积极性、发挥他们的主体作用提供了条件。多媒体通过充分利用文、声、图等多种手段,为学生提供虚拟课堂讨论、角色扮演、游戏、实习和反馈等多种方式,让学生能动地、主动地、积极地参与学习。另外,学生可以通过互联网上的资源训练英语听力、选择合适的英语精读与泛读材料、与外国人进行直接交谈等。可见,多媒体技术的运用有利于突出学生的主体地位。在未来的英语教学中,教师应该充分发挥多媒体技术的这一优势。

(三)因材施教,鼓励个性发展

教师面向的全体学生是由不同特点的个体所组成的,多媒体技术的应用则使因材施教的实现变得可能,为发展学生的个性提供了更大的空间。首先,多媒体技术的运用减少了师生交流的距离感,有利于教师对学生进行指导。其次,在多媒体教学下,丰富多彩的人机交互方式使学习的过程不再呆板、枯燥,而是妙趣横生。学生学习英语的兴趣被极大地激发出来,并且可以根据个人的基础或根据教师和计算机测试后提出的建议,自主地制定学习进程和学习策略。换句话说,学生学习英语由被动接受转变为主动参与。

(四)养成良好的学习行为,为终身学习打下基础

多媒体教学为学生创造了更多的课堂讨论、角色扮演、游戏等机会,学生之

间的交互作用加强。教师应使每个学生都积极参与、主动交流，使他们学会合作、学会共处，有效地培养学生之间的协作精神与合作能力。由于多媒体技术在教学中的应用，学生得到了更多的合作机会和主动学习的机会，这有利于培养学生的合作精神与主动学习精神。此外，在科技飞速发展、知识急速增长的社会中，任何人要跟上时代的步伐，就必须不断学习新的劳动技能，而终身学习是达到这一目的的途径。主动学习的精神和善于学习的方法对具有终身学习观的人来说是不可或缺的，而多媒体和互联网的存在为实现终身学习提供了巨大的便利。在英语教学中，教师应该指导学生使用好互联网这个工具，为学生学习英语创造完全自由、自主的空间，提供学生自主学习的机会，培养学生良好的学习自觉性、自主性和创造能力。

（五）营造文化氛围

众所周知，语言的使用是在一定的社会环境中进行的。建构主义认为，人是知识的建构者和积极探索者，知识的建构需要人与环境的交互才能完成。创设情境是建构意义的必然前提，尤其是真实情境的创建。教师应该创设信息丰富的环境，为学生提供更为真实的语言情境和语言信息输入，使学生能够真实、自然地学习语言。多媒体技术的发展为建构主义学习理论的推行和实施创设了良好的环境。

由于多媒体技术具有传输量大、信息容量大、效率高等特点，因此在课堂教学中，教师运用多媒体技术能够使信息展示的方式更具多模态化，能在有限的时间内为学生提供更大容量的学习资源，这是目的语文化输入的有效途径。同时，当学生置身于真实的情境中，能够亲身体验目的语文化的美，体验目的语文化的新奇和快乐，在体验中增强对目的语文化的理解和认知，从而激发学生学习目的语文化的积极性和主动性。也就是说，学生在快乐学习目的语文化的同时提升了自己的跨文化交际能力。

另外，教师可以让学生参与一些"暑假英语夏令营""语言学习示范中心"等活动，这是英语学习的第二平台，能使学生将在课堂上通过学习而获得的知识运用到具体的实践中，提升其跨文化交际能力和英语应用能力。

二、重视课外教学

（一）课外教学的原则

1. 循序渐进原则

设置英语课外活动应坚持循序渐进、先易后难、先少后多的原则。具体来说，课外活动在刚开始的时候，形式和内容都比较简单。随着活动的开展，课外活动逐渐加大内容的难度，形式也逐渐多样化。学生通过克服不同程度的困难，完成不同形式的任务，会享受到成功的喜悦，并逐渐树立起自信心。

2. 因材施教原则

英语课外活动比课堂教学的内容更丰富、形式更多样，英语课外活动应采取各种形式，使每个学生的潜能都得到发掘。例如，学校可以根据实际情况举办多种形式的英语晚会，如讲故事、唱英文歌、表演对话等。在具体的活动中，尽量保证每个学生都有展示自己才能的机会。

3. 自愿参加原则

英语课堂教学具有一定的强制性，要求每名学生都必须按规定上课。而课外活动则不具备强制性，教师不能强迫学生参加，课外活动应本着学生自愿的原则进行。学生自己或者在教师的帮助下设置的各种课外活动项目，不同于教学计划中所设置的各个必修和选修科目，学生有主动选择性，他们可以根据自己的爱好等实际情况选择课外活动项目。

4. 与课堂教学相结合原则

英语教学的基本组织形式就是课堂教学，而且，学生的英语基础知识也主要是通过课堂教学来掌握的。英语课外活动是对课堂教学的延伸和补充，旨在巩固课堂上所获得的知识和进一步发展学生听、说、读、写各项基本技能，培养学生英语实际运用的能力。因此，教师在组织学生进行课外活动时，应注意将课外活动与课堂教学实际紧密联系起来，以课堂教学为基础，传递新知识、新信息，拓宽学生视野，扩大知识领域。例如，在学习美国文学时，教师可以通过生动、活泼的形式介绍美国的历史、文化背景、风俗习惯等，激发学生的兴趣和热情，使学生在轻松、愉快的环境中学习课堂上的知识。

5. 思想性与趣味性相结合原则

在课堂之外实施各种形式的英语课外活动应具有高度的思想性，寓德育于活动中。英语课外活动应该健康向上，这样有利于学生思想品德的提高。同时，各种课外活动应该富有趣味性，这些趣味性的课外活动可以引发学生的好奇心，激发他们的兴趣，吸引他们参加到活动中。例如，在开展高校英语课外活动时，做多种多样的英语游戏，把语言知识的学习与英语语言技能的训练有机地结合在一起，既可以激发学生的兴趣和求知欲，又可以训练学生灵活运用英语的能力，从而真正做到寓教于乐。总之，教师要根据学生不同的特点设置英语课外活动，以保证英语课外活动的形式、内容适合于不同信息特征和学习阶段的学生。

6. 及时总结与反馈原则

在英语课外活动结束以后，教师应注意进行全面的总结，这对课外活动再次开展十分有利。总结的形式有很多种，如在各种形式的英语竞赛之后，算出成绩，排出名次，实行对优胜者进行奖励的政策；然后再由教师或评委认真总结，肯定成绩，作出表扬，同时指出存在的问题，纠正错误。此外，在每次活动后，教师应对活动的开展情况作书面总结，总结经验教训，提出改进方法。

（二）课外教学的组织形式

1. 组织英语竞赛

英语竞赛是检测学生所学成效并激发学生英语学习热情的有效手段，是开展最为广泛的英语课外活动形式之一。竞赛的主要形式有朗读竞赛、讲演（讲故事）竞赛、歌咏竞赛、英语作文比赛等。

开展竞赛活动之前的动员工作很重要，尤其是对那些性格内向、胆小、容易害羞的学生，可以鼓励他们报名参加一些较为简单的课外活动，让他们在一次次的成功中逐渐树立起自信心，然后再参与复杂度和难度较高的活动。另外，在竞赛前，教师要向全体学生宣布竞赛的项目、日期和要求。在准备过程中，教师还应帮助学生选材、审稿，并进行辅导，以帮助他们克服缺点，提高他们运用英语的技巧水平。为了培养学生的组织管理能力，可以由学生轮流担任竞赛活动的主持等工作。竞赛会由学校领导主持，由教师组成评判委员会，并定出评分标准。

在比赛结束后，当即算出成绩，排出名次，奖励优胜者。在授奖后，由评委会进行总结，肯定成绩，指出存在的问题和今后努力的方向。

2. 学习报告会、学习经验交流会

英语学习报告会、学习经验交流会主要有以下几种形式：

第一，组织本校优秀学生介绍自己学习英语的方法，或者请本校的毕业生结合自己的工作实际介绍学习英语的经验。

第二，请本校和外校的优秀教师做有关英语学习技巧的报告。与优秀教师面对面交流，请他们解答学生提出的问题。

第三，经常邀请专家、学者、教授来学校做报告。

第四，请外籍教师到本校做有关英语国家的历史、地理、风俗习惯和学习、工作、生活等方面的报告。

英语学习报告会、学习经验交流会对端正学生学习态度、改进学习方法、开阔眼界、增进对英语国家人们的了解、提高学习效果有很好的作用。

3. 会话小组

会话小组可有效提高学生的听说能力。活动可以每一两周开展一次，也可根据每个学校的实际情况而定。会话的题材要选择那些学生在日常生活中十分熟悉的事情。在设计会话的场合和情境时，教师应注意多样化。

会话小组活动的主要内容是英语游戏，英语游戏是发展口语技巧和巩固词汇、语法，训练发音的有效手段。它不仅是课外活动的主要形式，有时也可在课堂上应用。它可以缓和课堂上的紧张气氛，有助于消除学生的疲劳，还能激发学生的兴趣。通常，英语游戏是带有比赛性质的，学生潜在的竞争意识可以促使他们积极思考，并有助于他们克服腼腆、羞怯的心理障碍，从而确立他们的自信心。

4. 英语文艺会演活动

英语文艺会演活动的形式丰富多样且富有吸引力。英语文艺会演主要以班级或者年级为单位展开，其形式多种多样，包括英语歌曲演唱、英语课本剧演出、英语故事会、英语诗歌朗诵等。英语文艺演出的形式能极大地调动学生的积极性。例如，在英语歌曲演唱晚会前，每个学生都会进行精心的准备，布置场地、购买演出服装等。参赛的学生则会积极练习英语歌曲。学生在欣赏歌曲的同时，听说技能会得到很好的锻炼。此活动形式应与英语课外活动小组活动紧密结合起来。

5. 英语电影欣赏

随着多媒体在英语教学中的广泛应用，英语电影欣赏成为全面提高学生英语水平的重要途径，使学生摆脱了学习英语时的枯燥、单调。英语电影教学这种教学方法能使文化内涵和语言很自然地结合在一起，通过鲜活的语言、动人的故事描述等把社会价值观念等深层次的文化以一种大众都能接受的方式反映出来。

电影欣赏融听、说、读、写于一体，不但能够使学生在真实的语言环境中提高英语听说能力，培养学生用英语进行思维的能力，还能让学生直观地感受到英语国家的风俗习惯、地理知识、政治经济等，激发学生学习英语的兴趣。

英语电影的选择很关键，在选择电影时，应注意：影片中的发音应地道纯正、语调优美；电影内容要健康、积极向上，能够引导学生树立正确的世界观、人生观和价值观。可选择那些获得奥斯卡奖项，根据文学名著改编的影片；影片的难易程度要适中，不要选择特殊语言现象太多的影片，如果影片含有过多的方言和俚语，就会增加学生理解电影内容的难度，使他们失去欣赏电影的兴趣；影片可根据所学的课文内容来选择，这样不仅可以降低学生观赏影片的难度，而且有助于学生加深对课文的理解；所选择的影片要易于模仿和表演。

电影欣赏活动的形式有很多种。

第一，根据影片的精彩片段进行角色扮演。在每次活动之后，教师可以选取影片中的某一段让学生自由分配角色进行表演，还可以让学生为影片编排不同的结局，然后做成小短剧来表演。通过这种方式，学生会积极地投入到编排短剧的活动中，学到地道的英语口语表达法，并发现和纠正自己的发音。另外，学生可以从电影中学习经典语句。

第二，学生自由分小组进行讨论，交流心得体会，或者做影片介绍，轮流发言，锻炼英语听说能力。

第三，根据电影串讲故事。教师可以每次播放一个小的片段，然后让学生分成小组，对影片的下一步发展进行预测，并编成一个个的小故事。

根据上述课外活动形式，教师可根据实际课堂教学内容选择合适的课外活动，以补充课堂教学，切实提高学生的英语能力。

三、实施个性化教学

个性对学生的学习有非常重要的影响,因此教育教学应以个性为基本出发点。个性化教学的实质是寻求各种不同的变体和途径,按照不同的个人特点去实现一般的培养目标。个性化教学并非教学的一种形式,而是可采用各种形式实现其个性发展培养目标。具体来说,在个性化教学实施过程中,教师要做到以下三点:

(一)尊重学生的不同个性

素质教育是我国现阶段大力提倡的教育观念,而学生的个性差异与素质教育有着不可分割的关系。简单来说,学生的个性与个体素质的发展是相辅相成、密不可分的。一方面,学生的个性是随着个体素质的形成和发展而逐步形成和发展的;另一方面,学生的个性化对个体素质的发展产生了一定的影响。

个性是由一些稳定且持久的心理倾向性和心理特征所组成的,个性心理结构是一个复杂的多层次、多水平的统一系统。学生在个性化过程中的心理倾向性、个性心理特征和自我意识,对个体素质的发展起着至关重要的作用。素质教育应该包含在各个学科的教学中,因此,在英语教学过程中,教师必须充分重视个性化对学生素质发展的影响,加强对学生的心理和品德教育,为全面提高学生素质创造良好的条件。

(二)尊重学生的自尊心理

在当代英语教学中,教师不仅要尊重学生的个性,还要尊重学生的自尊心理。自尊(self-esteem)是人类行为中最有渗透性的一种特征,对人类行为具有十分重要的影响。甚至可以说,如果一个人没有一定程度的自尊、自信和对自己的了解,就无法进行任何成功的认知和情感活动。

自尊是指个人所做的并习惯性地保持的评价。自尊表达出赞同或反对的态度,表明个人对自己的能力、意义、成功和价值相信的程度。简单地说,自尊就是个人的价值判断,表示为个人对自己的态度。自尊是一种个人通过语言和其他明显的表达活动向别人传递的主观经验。

人们的自尊并不是与生俱来、固定不变的,其形成和发展变化会受到外部因素的影响。人们的自尊来源于与自己和别人打交道的经验积累，也来源于对周围世界的价值评估。成人的总体自尊相对比较稳定，一般不会改变，而处于成长期的青少年的总体自尊则会因为受到外部环境的影响而发生变化。同时，由于性格或认知特征在不同时候、不同情形下会有所变化，因此自尊被分成以下三个不同的层次：

第一层为总体自尊。

第二层为情境自尊或特别自尊，是指一个人在某些特定场合，如社交、工作、教育、家庭等场合对自己的评价，或对某些单独定义的特征（如智力、交际能力、运动能力或性格特征）的自我评价。一个人特别自尊的程度往往依赖于具体的场合或所讨论的特征。

第三层为任务自尊，与特别情形中的特别任务相联系。

为了更好地理解自尊的以上三个层次，以教育领域为例进行解释：一个人的总体自尊是他对自己的接受能力和勤奋程度的评价；情境自尊是指他具体学习某一个科目（如英语等）时表现的自我评价；任务自尊则可能是指学习某一科目的某个方面，如口语、写作或听力等的自我评价。

在我国，英语是一门外语，英语教学是一项跨文化教学活动，这就使学生的自尊心对其英语学习的效果具有更为重要的影响。另外，现代心理学研究表明，青少年的自尊心强烈且敏感。这就要求教师在与学生交往中，注意尊重、爱护和培养学生要求上进的自尊心。

综上所述，一个人的学习效果以及所取得的成就都受到其自尊心的重要影响。人的尊严来源于人的自尊，而教师对学生的尊重是学生自尊心的重要来源。因此，在英语教学中，教师应该尊重学生的自尊心。任何一个学生都有成为教师所喜欢、欣赏的学生的美好愿望。即使学生身上存在这样或那样的缺点，教师也不应该忽视他们、轻视他们，而要坚持认为他们是可教育的。

（三）尊重学生的学习成果

在英语教学中，教师采用个性化教学还体现在尊重学生的学习成果上。尊重学生的学习成果，就是肯定、赏识学生的学习成果。

在英语教学过程中，教师要善于赞赏学生的学习成果，让学生在成功中增强自信，享受成功的快乐。在英语学习的过程中，学生总会或多或少地取得进步，获得一定的学习成果。如果教师总是认为这些学习进步和学习成果是学生应当取得的，而从不肯定、赞扬学生的进步与成果，就不利于学生对英语学习保持持久的兴趣，甚至会使学生对英语学习失去进取心，从而不利于英语教学效果的提高。

每个学生身上都蕴藏着闪光点，教师在教学中要善于挖掘学生身上的闪光点。平时多一些表扬，少一些批评；多一些鼓励，少一些责罚；遇到问题时不要总怪罪于学生。在英语教学中，教师应该多从自身找原因。教师应帮助学生扬长避短，达到人人成才的目的。

总之，在英语教学中，教师要采用个性化教学，就要充分尊重学生。尊重学生的目的是教育，教育学生的目的是发展。教师尊重学生是一种人格上的尊重，也是一种教育尊重，更是从生命平等意义上讲的尊重。当然，教师充分尊重学生并不等于对学生没有严格要求，也不等于没有批评，更不是说教师要一味地迁就学生、溺爱学生，而是要将对学生的尊重寓于对学生的严格要求之中。只有这样的尊重才是对学生的真正尊重，也只有这样的教育才是卓有成效的教育。

四、倡导探究式学习

在探究式学习中，教师向学生有针对性地提出一些事例和问题，学生依据教师给出的信息，通过听讲、观察、阅读、思考、讨论、实验等方法独立自主地进行学习，从而找到问题的答案，掌握与之相对应的原理和结论。这种教学方法注重培养学生独立思考、分析、综合和概括能力，以及创新精神和实践能力。其核心理念是学生占据主体地位，教师起到引导的作用，鼓励学生主动、自主地探索和掌握解决问题的各种方法和步骤，研究事物的客观属性，找出事物发展的起因和事物内部的相互联系，进而从中识别出规律，并最终形成自己的概念。显然，在探索性的教学模式中，学生的自主能力和主体地位都得到了显著的提升。探究式教学是以探究为基本特征的一种教学活动形式，包含两层意思：第一层是什么是探究，第二层即什么是探究式教学。

在当今的跨文化教学背景下，探究是出现频率较高的几个关键词之一。探究是求索知识或信息，尤其是求真的活动，是搜寻、研究、调查、检验的活动，也是提问和质疑的活动。探究也可以说是对问题进行思考、分析、讨论和解释的过程，需要学生自主地去探索完成。探究，顾名思义，就是探讨和研究，探讨就是对学问、真理和本源加以探讨，研究就是深入探讨问题，追溯其根源，并从多个角度寻找答案以解答疑惑。探究式学习是指仿照科学研究的过程来学习科学内容，体验、理解和应用科学研究方法，获得科学研究能力的一种学习方式。探究式学习强调学生在主动探索中获取科学知识和发展思维能力，并把这种认识与思维活动作为整个教学活动的核心和中心。基于探究的学习或教学模式，意味着学生能够通过主动参与来积极地获取知识，这是一种鼓励学生独立思考如何行动，甚至采取何种行动的学习方式，而不是学生简单地接受教师预先给出的答案。在此意义上讲，它不仅可以提高学生分析问题和解决问题的能力，还能培养他们发现问题和提出问题的能力。因此，探究式学习不仅是一种独特的学习方法，也是教育和教学的目标。

探究式教学法要求教师将理论应用于实践中，用理论去指导实践，并在实践经验的基础上提炼总结出新的教学理论，以促进教学质量的持续提升，推动教学的向前发展。探究式教学是一种新型的教学方法，也是一种新的教育思想和教学模式。它主要涉及教师指导学生对相关的学习主题进行深度探索，或者从多个角度研究相关问题，学生通过相应的方法和活动解决问题，寻找答案的过程。探究式教学法是一种全新的教学方式，也是新课程改革所倡导的教学模式。其核心目标是鼓励学生在学习的旅程中，以自主、能动的态度来掌握知识、获得能力、习得科学方法，并培养他们的科学态度和精神。

因此，探究教学的实质就是按提出科学结论和检验科学结论的结构方式去揭示科学结论，即要把所提出的观念和所进行的实验告诉学生，要说明由此得到的结论，还应阐明把这些资料转化成科学知识的解释。

进行探究式教学要注意以下几点：

第一，以学生现有经验为基础，重视从学生现有经验的角度进行教学。对于学生来说，他们在开始学习某种事物之前，在脑海中已经有了很多之前学习得来的经验，这些经验是很宝贵的，有助于学生之后的学习。而且，教师从学生的已有经验出发对学生进行探究式教学，能够更好地激发学生的主观能动性和学习积极性，也能够更好地引导学生自己发现问题、提出问题并解决问题，进而获得新的认识，这样可以促进他们进一步思考。

第二，在探究式学习过程中，要重视师生互动。在探究式学习中，学生占据主体地位，发挥主观能动性，不断地探索学习，教师在尊重学生选择的基础上对学生进行指导，二者之间的互动交流是必不可少的，是相互促进的。

第三，对于探究学习过程中的过程和结果都要加以重视。一方面，教师要指导学生对各种事物和现象进行积极的研究，通过不断的探究来深入理解知识之间的深层联系，进而实现对知识的灵活掌握和应用；另一方面，教师要将知识与科学方法有机结合，教师要让学生经过观察、假设、调查、实验等探究活动，在学生已经掌握知识的基础上对信息进行收集和分析，然后获得自己的探究结果或制作出自己的作品，从而培养学生的科学态度和科学精神。

第四，重视知识的实际应用。探究式教学有一个基本特点，就是促使学生将所学应用于实践，从而培养学生利用所学知识来解决实际问题的技能。通过探究式的教学方法，学生可以全面地获取知识、掌握知识，并在跨学科的背景下解决涉及广泛知识领域的复杂和综合问题，而且探究式的教学方法还可以帮助学生更深入地了解生活和社会的真实情况，从而更好地培养他们的实践能力。

第五，培养学生的探究能力。探究教学是学生通过观察、调查、制作、收集资料等探究活动主动地参与其中，自主获取各种知识并得出结论的教学方式，这种教学方式与教师直接将结论告知学生有着很大的不同。通过探究式教学，学生能够重新自我建构起对新事物的认识，更加多角度地深入了解知识，并将各种知识联系起来，更加快速地掌握知识，学会灵活地运用知识解决问题。唯有如此，学生在学习过程中才能展现出积极和主动的态度，从而真正唤起他们学习的内在驱动力。

第六，在探究式学习中，应重视形成性评价和学生的自我评价。相比其他教学，探究式教学对学生的自主性、主动性要求比较高，虽然它给予了学生较大的自由度，但是这也使得它的评价要求比较高。比如，学生理解了哪些概念，学生是否能够对搜集到的数据和证据加以处理分析，学生是否能够设计并实施探究规划，学生是否能够提出问题等。因此，在对探究式教学进行评价时，教师不能只使用终结性评价，还需要加上形成性评价的内容，比如，与学生面对面交流、学生每天的笔记、学生绘制的图表与报告等，并对其加以重视。通过形成性评价，教师能够更加深入地了解学生的学习情况，并提高依据这些评价内容信息进行科学推理的能力。

在探究式教学评价中，教师要重视学生自己对学习过程的评价，学生通过评价探究式学习中自己对知识的理解度、解释是否得当、检查采用的方式是否合适等，准确地对自己的探究式学习进行评价，更加清晰地了解自己的探究式学习状况，这将极大地提高其学习效率，有助于实现学习目标。

学生可以通过一系列的探索活动来获取知识，比如，发现问题、收集与处理信息、调查、操作、实验、表达和交流等。在探究式学习中，教师利用这一系列探究活动，还能够培养学生的能力，有利于其探索精神和创新能力的提升。这种学习方式能使学生从被动接受变为主动探究，是一个鼓励学生积极参与的学习方式。在跨文化的背景下，探究式学习是英语教学倡导的一个发展方向。

第一，时常鼓励和激励学生，培养学生发现问题的能力。必要的鼓励可使学生发现自己的价值和能力，因此在教学过程中，教师可以通过各种方式（如合作、讨论等）鼓励学生仔细观察和思考问题，使学生发现知识和课题的趣味性，让学生形成自主学习的习惯，进而实现对语言综合运用能力的培养。

第二，创设亲近生活的情境，激活探究思维。在学习新的知识点时，教师需创设认知需要情境，将学生的思维引到新的学习背景当中，让他们感觉到学习是解决新问题的需要，进而使学生形成探究意识，激活探究思维。

第三，增强学科间的联系，帮助学生形成完整的知识结构。探究式学习是不同分科课程的有机综合，教师有必要加强不同学科之间的联系。

五、开展内容型教学

内容型教学是将目标语与学科内容结合起来的一种教学方式，运用目标语对学科内容进行教学。这种将语言系统与内容结合起来的整合观是在对语言教学有一个清晰认知的基础上实行的，要想推动这两方面的共同进步，就不能将它们分开，而是必须对这两者都给予同等的关注与重视。因此，开展内容型教学，利用目标语进行学科内容的教学，能够较为有效地实现这两方面的融合，实现二者的共同发展。

一些教学方法（如听说法、翻译法等）都是按照语法的难易程度来对教材进行撰写，将那些容易被学生接纳理解的语法内容放置于学生的初学阶段，循序渐进，一步步地展开较难内容的学习。

（一）主题教学模式

在主题教学模式中，组织教学的形式就是主题。这些主题往往与学生学习的其他科目有着一些关联，与现实实际情况的关系也比较密切。主题教学是为了实现教学内容、教学方法的突破，解决英语教学中长期难以解决的矛盾。主题教学模式强调学习语言所表达的意义，但并不忽视对语言形式的学习。学生通过对主题的建构，学习有关社会生活的知识，通过细节环节，学习词、短语、句型和语法知识，从而把意义与形式有机结合起来。

实现教师引导与学生自主学习的统一。教师的职责在于创造学习的语境，并给予正确的引导与示范。教师把以主题为主的认知结构的建构、拓展和深化的任务交给学生，这样就从真正意义上培养了学生的自主性。

实现学生跨文化交际能力的全面发展。在以主题为中心的英语学习中，学生获得了丰富的有关社会、文化和交际方面的知识；在完成围绕主题、话题的交际任务中，学生提高了以听、读、写为基础的跨文化交际能力，提高了自身的素质，发展了个性；在自主性的学习中，学生找到了自我价值，实现了自我超越。英语教学以主题为线索，按"主题—话题—细节"的步骤，使学生逐步建立较为完整的反映主观与客观世界及社会交际需求的知识体系。

（二）附加教学模式

附加教学模式是指语言教师和学科内容教师同步教授相同的内容教学，但是，他们的教学重点和教学目的有所不同。语言教师的教学重点在于语言知识，完成语言教学目标，而负责学科内容的教师重点在于对学科内容的理解上。例如，一个英语教师和一个心理学教师都以心理学内容进行教学，其中，英语教师将心理学材料作为英语语言课程的内容，其教学目的是提高学生的英语使用能力，而心理学教师的教学目标是完成心理学学科内容的教学。因此，在英语教师的课上，学生的主要任务是通过对富有挑战性的内容的理解和吸收，进而较快地理解难度较大的内容，并在语言教师的指导下，快速习得语言。

六、注重参与式教学

参与式教学指在自由、民主、平等的教学氛围中,教师采用灵活多样的教学手段和教学方法,以学生为中心,而学生也自愿地、主动地、积极地参与教学的各个环节,与教师共同推进教学的一种教学模式。与以教师、教材为中心,黑板、粉笔为媒介的传统教学模式比,参与式教学努力营造一种能使学生真正成为教学的中心、学习为主体的教学氛围。主体参与可以活跃课堂气氛,满足学生的表现欲、发展欲,这是教学生命线。通过主体参与,学生将会对教学内容有选择的机会、对教学进度提出建议、与教师一起设计教学方法、积极参与并对教学过程进行适当的调控、干预以及对教学结果进行评价等,确保学生真正发挥自己的主观能动性。

参与式方法的教学模式比较多,没有固定的套路,因教学内容、教学目的、教师和学生的不同而不同。国内外的参与式教学模式和方法有提问、头脑风暴、小组讨论、角色扮演、案例分析、小组合作、歌舞、戏剧等,这里介绍几种常用的模式。

(一)提问法

提问法是参与式教学法中使用得最多、最频繁的方式。基本程序包括以下几点:

第一,检查学生对所学知识的掌握程度,了解他们是否跟上了进度。

第二,监测学生目前的学习状态,看他们是否保持浓烈的学习兴趣和学习热情。

第三,促使学生思考和寻求答案。

第四,起着承前启后的作用,可以帮助学生开始下一轮的讨论或学习。

提问的作用很明显,一旦使用不当,则会使学生觉得是盘问,也不利于教师和学生之间的平等交流。为避免此种情况的发生,教师要注意:不能故意提刁难学生的问题;只提与学习目的和内容有关的问题;只提学生力所能及的问题,尽管有时有一定难度。

为了提高学生回答问题的质量,教师提的问题要有质量,避免一些不合适的问题。高质量的问题包括如下三类:

第一，开放式问题。这类问题通常以 wh- 特殊疑问词开头，如 where、when、who、why、what 等。

第二，追问问题。对回答者进行循循善诱的、层层递进的提问。

第三，确认理解问题。确认学生理解了提问，确认教师了解了学生的回答，要求学生确定自己的回答。

不合适的、低质量的问题有只需用"yes"或"no"来回答的封闭式问题、给予回答者明显暗示的引导式问题、回答者只能回答某部分的多重式问题或太简单、太难的问题。

（二）头脑风暴法

头脑风暴法是一种参与式教学的模式，同时也是一种创造能力的集体训练法。头脑风暴最早是精神病理学上的术语，是指精神病患者的精神错乱状态，现在比喻思维高度活跃，产生无限制的自由想象和讨论，并由此产生新观念或激发创新设想。它的特点是让参与者根据特定的议题，敞开思想，自由地、快速地说出自己的想法，使各种设想在相互碰撞中激起脑海中的创造性风暴。

（三）小组讨论法

小组讨论是在参与式教学中发挥很多作用的一种模式，主要为组内讨论。通常按 4～6 人一组的规模把学生分成若干小组，就一两个题目展开讨论；尽可能地让参与讨论者移动课桌椅，彼此靠得更近，以便面对面地进行讨论。小组成员身体距离的靠近和眼光交流既可以提高讨论质量，也可以促进人际的和谐与信任。小组讨论的具体步骤和组织要点如下：

第一，将全体参与者分为 4～6 人的小组，采用全班集体活动方式。分组时，视具体活动目的而采用按自愿组合、学号或者按性别混合、能力混合、个性及知识经验混合。

第二，在分组后，明确每小组具体目标及活动需要的时间。为实现共同目标，将参与者进行角色分工。每个成员都担任一定的角色，如召集员（负责组织讨论）、计时员（保证小组内每一个成员都有机会发言，提醒发言过长者缩短说话时间）、记录员（负责将本组讨论或活动结果记录在纸上）、汇报员（负责向全班报告本组讨论和活动成果）等。这些角色由不同的人轮流担任。

第三，教师是全班集体讨论活动的组织者。其职责是负责揭示讨论的主题，向参与者提出明确、清晰的讨论要求。在活动过程中，教师组织学生，为各小组提供资料，主要包括讨论或演示用的图片、展示板等。教师在各小组巡视，就各组的活动情况进行引导，以随时提供必要的指导及帮助。

第四，活动结果的汇报。各组汇报员将活动讨论结果进行口头报告，讲解本组意图与结论；或者进行书面报告，将讨论结果写于白纸上，然后贴到黑板上向全班展示。小组讨论，各组轮流展示，大组分享，以达成共识。

第五，活动结果的点评。教师和学生对各组的展示作出点评。教师最后总结各小组的活动成果，给学生以恰当的评价和期待。

第六，小组讨论应该避免的问题。小组讨论避免每个成员讨论内容之间没有逻辑关联；避免组员的发言在低水平上重复，组员无法在思想上得到提升。

小组讨论始终贯穿着一个指导思想，即以学生为中心，以活动为主，平等参与，融理念、知识于参与式活动之中，强调学生的主动参与。充分关注学生已有的知识经验，根本目的就是发挥学生的主观能动性。

（四）角色扮演法

角色扮演法主要是以身体动作为媒介，根据学习的要求和自己的理解扮演现实生活中的某个角色，将该角色的个性特征和在某些事件和关系中的行为方式更为突出地表现出来。英语教学中角色扮演的主要目的是使参与者从不同的角度体验相对真实的语言情境，并产生对英语语言更新、更高层次的认识和体验。

角色扮演能使参与者将在语言学习中获得的知识技能综合运用于一个具体的问题情境中。通过参与真实的、可感知的模拟练习，参与者整合和运用新知识、技能的能力以及处理复杂问题的能力均会得到提升。

参考文献

[1] 贾芳，王禄芳，刘静，等 . 跨文化视域下的大学英语教学探究 [M]. 长春：吉林人民出版社，2022.

[2] 罗震山 . 跨文化视域下的当代英语教学新探 [M]. 北京：中国书籍出版社，2019.

[3] 鲁巧巧 . 跨文化教育视域下的英语教学改革探究 [M]. 沈阳：辽宁大学出版社，2019.

[4] 秦初阳，孙金凤 . 跨文化视域下的高校英语教学理论体系重构探索 [M]. 长春：吉林人民出版社，2021.

[5] 袁春 . 跨文化交际视域下的大学英语教学 [M]. 武汉：湖北科学技术出版社，2015.

[6] 申慧丽，刘鹏，杨洁，等 . 跨文化视域下高校英语教学转型与创新 [M]. 北京：中国书籍出版社，2023.

[7] 吴艳 . 跨文化视域下的大学英语文化教学研究 [M]. 北京：北京工业大学出版社，2021.

[8] 唐凤华 . 跨文化视域下的英语教学研究 [M]. 北京：中国原子能出版社，2017.

[9] 王静 . 跨文化交际视域下大学英语教学理论与实践融合研究 [M]. 北京：中国书籍出版社，2022.

[10] 简丽丽 . 全球化视域下大学英语教学及其跨文化探究 [M]. 北京：九州出版社，2020.

[11] 宋雨晨，郭继荣 . 有效的跨文化英语教学探讨 [J]. 教育现代化，2020，7（36）：167–172.

[12] 蒋志娟.文化差异视域下的跨文化英语教学 [J].吕梁教育学院学报，2019，36（4）：118-119.

[13] 王安惠.浅谈跨文化英语教学模式下大学生自主学习能力的培养 [J].才智，2017（22）：163.

[14] 李丽君.关于跨文化英语教学的探究 [J].高教学刊，2016（8）：106-107.

[15] 马冬，万鹏飞.论跨文化英语教学中学生民族文化自豪感的提升 [J].理论观察，2015（12）：162-163.

[16] 王东霞.高校教师跨文化英语教学能力构建 [J].海外英语，2014（20）：41-42.

[17] 刘佳.大学跨文化英语教学现状分析及对策 [J].海外英语，2014（9）：52-53.

[18] 张利萍.文化差异视域下的跨文化英语教学研究 [J].兰州教育学院学报，2014，30（3）：60-62.

[19] 何声钟.大学跨文化英语教学结构模式和实践模式 [J].江西教育学院学报，2014，35（1）：72-76.

[20] 王艳华.英语教学中的跨文化意识培养 [J].黑龙江科技信息，2012（3）：187-188.

[21] 贺婵.基于跨文化交际能力培养的大学英语教学策略研究 [D].西安：西安外国语大学，2021.

[22] 余依.跨文化交际视角下大学英语教学中的"中国文化失语"现象研究 [D].武汉：湖北工业大学，2021.

[23] 杨从洲.跨文化视角下中国文化的英语教学模型研究 [D].北京：华北电力大学，2020.

[24] 刘柯利.大学英语教师跨文化教学信念研究 [D].荆州：长江大学，2020.

[25] 唐渠红.探析如何在大学英语教学中培养学生的跨文化交际能力 [D].重庆：重庆大学，2019.

[26] 周若玮.基于主题进行跨文化英语教学的研究 [D].苏州：苏州大学，2018.

[27] 李媛.大学英语教学中的跨文化问题研究 [D].青岛：青岛大学，2016.

[28] 邹德平. 以网络技术为媒介的跨文化英语教学实施现状调查 [D]. 泰安：山东农业大学，2013.

[29] 吕炯. 跨文化传播视角下的大学英语教学模式探析 [D]. 合肥：中国科学技术大学，2013.

[30] 宋达. 大学生跨文化英语教学实验研究 [D]. 太原：太原理工大学，2010.